本书系湖南省教育科学规划 2018 年度省级一般资助课题（课题名称：师范类专业认证背景下湖南本科高校教师教育的问题和对策研究，课题编号：XJK18BGD049）的成果

师范类专业认证背景下地方本科高校高质量教师教育建设研究

姚美雄 著

吉林出版集团股份有限公司
全国百佳图书出版单位

图书在版编目（CIP）数据

师范类专业认证背景下地方本科高校高质量教师教育建设研究/姚美雄著.--长春：吉林出版集团股份有限公司，2022.10
ISBN 978-7-5731-2272-8

Ⅰ.①师… Ⅱ.①姚… Ⅲ.①地方高校-师资培养-研究-中国 Ⅳ.① G645.12

中国版本图书馆CIP数据核字(2022)第174785号

SHIFANLEI ZHUANYE RENZHENG BEIJING XIA DIFANG BENKE GAOXIAO GAOZHILIANG
JIAOSHI JIAOYU JIANSHE YANJIU

师范类专业认证背景下地方本科高校高质量教师教育建设研究

著　　者	姚美雄
责任编辑	杨　爽
装帧设计	优盛文化

出　　版	吉林出版集团股份有限公司
发　　行	吉林出版集团社科图书有限公司
地　　址	吉林省长春市南关区福祉大路5788号　邮编：130118
印　　刷	定州启航印刷有限公司
电　　话	0431-81629711（总编办）
抖 音 号	吉林出版集团社科图书有限公司　37009026326

开　　本	710 mm×1000 mm　1/16
印　　张	12.25
字　　数	194千
版　　次	2022年10月第1版
印　　次	2023年1月第1次印刷

书　　号	ISBN 978-7-5731-2272-8
定　　价	78.00元

如有印装质量问题，请与市场营销中心联系调换。0431-81629729

前　言

地方本科高校即地方普通本科高校、地方本科院校，指的是本科层次的地方所属高等学校。地方本科高校所属的主管单位是省、市地方人民政府。2015年，教育部、国家发展和改革委员会、财政部出台了《教育部 国家发展改革委 财政部关于引导部分地方普通本科高校向应用型转变的指导意见》，对高校转型改革进行了顶层设计，提出了本科高校转型发展的主要任务、配套政策和推进机制，为应用型本科高校发展指明了发展方向。2017年，国务院印发了《国家教育事业发展"十三五"规划》（以下简称《规划》）。《规划》要求推动具备条件的普通本科高校向应用型转变，并将此点作为高等教育结构调整的重要举措；要求引导高校从治理结构、专业体系、课程内容、教学方式、师资结构等方面进行全方位、系统性的改革。2019年2月19日，教育部通过2019新春发布会介绍了支持应用型本科高校发展有关工作情况：20多个省（区、市）出台了引导部分普通本科高校向应用型转变的文件，300所地方本科高校参与改革试点，大多数是学校整体转型，部分高校通过二级学院开展试点，在校地合作、校企合作、教师队伍建设、人才培养方案和课程体系改革、学校治理结构等方面积极改革探索。

教师教育是地方本科高校建设重点。2017年10月，教育部印发了《普通高等学校师范类专业认证实施办法（暂行）》（以下简称《认证实施办法》），标志着我国普通高等学校师范类专业认证工作正式启动。师范类专业认证是建设具有中国特色的教师教育质量保障体系的重要举措，也是当前和今后一段时期内摆在师范类专业面前的重大课题。地方本科高校通过师范类专业认证，可以提升教师教育的质量，促进教师教育的高质量发展。

基于以上发展背景，笔者撰写了《师范类专业认证背景下地方本科高校高质量教师教育建设研究》一书，其基本的框架如下：

第一章是绪论，主要介绍师范类专业认证的概念，阐述新时代背景下师范教育向教师教育的发展以及高质量教师教育的建设。本章旨在梳理教师教育发展的基础内容。

第二章介绍地方本科高校高质量教师教育建设的理论基础。地方本科高校高质量教师教育建设需要分析本科高校教学质量，并深入研究教师教育质量评价，从而构建地方本科高校教师教育的指标体系，进一步促进教师教育的高质量发展。

第三章介绍师范类专业认证背景下地方本科高校的教师教育质量保障体系。地方本科高校教师教育质量保障体系的构建具有历史必然性，可以有效强化教师教育专业的质量意识，建设教师教育专业质量文化，助力地方本科高校教师教育专业认证工作的开展，提升教师教育专业人才的质量。构成教师教育质量保障体系的要素有法制、经费、教育质量评估，本章通过具体事例分析地方本科高校教师教育质量保障体系建设情况，提出针对性措施。

第四章介绍地方本科高校高质量教师教育课程体系建设。本章分析了国外的教师教育课程建设的相关经验，从侧重点、结构、基本特征出发，探索课程体系建设，并提出了高质量教师教育课程体系的指导思想、目标及原则，为构建以实践为导向的教师教育体系提供方向。

第五章介绍地方本科高校高质量教师教育实践教学体系建设。本章主要阐述地方本科高校高质量教师教育实践教学体系的相关内容，主要围绕实践教学内容展开。先介绍了教师教育实践教学的大背景，指出要发展高质量教师教育，就需要加强师范生的创新创业能力，同时应以校园实践和校外实践两种实践形式展开，通过分析校园文化活动以及构建见习、研习、实习一体化教师教育实践教学体系，共同推进地方本科高校高质量教师教育实践教学体系的构建。

第六章介绍地方本科高校高质量教师教育者队伍建设。本章从高校教师教育者队伍的现状出发，提出了构建创造型教师教育者队伍的举措；从教师教育者培养策略及培养路径方面进行论述，以实现培养更多创造型教师的目的。

第七章介绍地方本科高校高质量教师教育建设的保障——资源的合理配置。合理地配置地方本科高校教师教育的资源，可以促进教师教育质量的提升。首先，需要以绩效为导向进行地方本科高校资源配置；其次，要实行地方本科高校校院两级管理的改革，促进独立学院资源的优化；最后，要从宏观及微观两个方面来合理控制地方本科高校教师教育师范生的培养成本，促进地方本科高校在有限的资源条件下，依靠自身的优势，发展具有特色的教师教育，培养更多符合时代发展需求的人才。

由于笔者水平有限，书中的论点和论述难免有不全面之处，还请各位读者批评指正。

姚美雄

2022 年 7 月

目录

第一章　绪论 ··· 001
　　第一节　师范类专业认证 ··· 001
　　第二节　师范教育与教师教育 ·· 013
　　第三节　高质量教师教育 ··· 022
第二章　地方本科高校高质量教师教育建设的理论基础 ················ 028
　　第一节　本科高校教学质量评价 ······································ 028
　　第二节　教师教育质量评价 ·· 038
　　第三节　地方本科高校教师教育评价的指标体系 ·················· 046
第三章　师范类专业认证背景下地方本科高校的教师教育质量保障体系
　　　　构建 ·· 065
　　第一节　地方本科高校构建教师教育质量保障体系的必要性 ····· 065
　　第二节　师范类专业认证背景下地方本科高校教师教育质量保障体系的
　　　　　　构成要素 ·· 069
　　第三节　地方本科高校教师教育质量保障体系发展状况——
　　　　　　以湖南某高校为例 ··· 071
第四章　地方本科高校高质量教师教育课程体系建设 ················· 086
　　第一节　国外教师教育课程建设经验及启示 ······················· 086
　　第二节　高质量教师教育课程体系构建的目标、指导思想及原则 ··· 096
　　第三节　构建以实践为导向的教师教育课程体系 ·················· 100

I

第五章 地方本科高校高质量教师教育实践教学体系建设 …… 110
   第一节 教师教育实践教学的背景分析 …… 110
   第二节 实践能力培养——师范生创新创业能力培养 …… 115
   第三节 校园实践——校园文化活动开展策略 …… 120
   第四节 校外实践——构建见习、研习、实习一体化教师教育实践教学体系 …… 123

第六章 地方本科高校高质量教师教育者队伍建设 …… 132
   第一节 教师教育者队伍建设的现状及发展趋势 …… 132
   第二节 创造型教师教育者的价值与培养策略 …… 135
   第三节 地方本科高校创造型教师教育者队伍的培育 …… 143

第七章 地方本科高校高质量教师教育建设的保障——合理配置资源 153
   第一节 以绩效为导向的地方本科高校资源配置 …… 153
   第二节 内部资源分权配置——地方本科高校校院两级管理改革 …… 163
   第三节 合理控制地方本科高校教师教育专业学生培养成本 …… 168

参考文献 …… 181

第一章　绪论

民族振兴的基石在教育，振兴教育的希望在教师。今天，从事基础教育的教师的素质高低直接关系到教育的质量好坏，关系到学生的素质高低。即教师教育是以终身教育思想为指导，对教师实施的职前培养、入职培训及在职研修等连续的、可发展的、一体化的教育过程。与师范教育相比，教师教育的内涵更加丰富，体现着鲜明的时代特点。当前，我国的师范教育正在向教师教育发展。教师教育是教育事业的"工作母机"，也是提升教育质量的动力源泉，师范教育的质量更是直接影响着我国教育的质量，因此必须加大力度发展教师队伍，提升教师的综合素质。师范类专业认证的目的在于进一步推动师范类专业的内涵建设，改革培养体制机制，形成基于产出的持续改进质量保障机制和质量文化，聚焦师范生能力培养，保证师范类专业培养出符合标准的毕业生。

第一节　师范类专业认证

一、高等教育认证的概念

高等教育认证制度最早起源于美国，之后在其他发达国家推广开来。对于此类认证的定义，笔者找到以下几种解读：

（1）《国际高等教育百科全书》给出的定义如下：认证是由一个合法负责的机构或者协会对学校、学院、大学或者专业学习方案（课程）是否达到既定资质和教育标准的公共性认定。认证需要经历初始评估和阶段性评估。认证过程的宗旨是，提供一个公认的、对教育机构或者教育方案质量的专业性评估，并促进这些机构或方案不断改进和提升质量。

（2）美国教育学家伯顿·克拉克、盖伊·尼夫的《高等教育百科全书》给出的定义如下：认证是指高等教育中，通过检查或评估或两者兼而有之的方式，使院校或院校中的专业得到认可，表明达到了可接受的最低标准的质量控制和质量保证的过程。

（3）美国高等教育质量认证委员会给出的定义如下：认证是高等教育为了达到教育质量保证和教育质量改进目的而详细考察高等院校或专业的外部质量评估过程。

（4）2007年，联合国教育、科学及文化组织（以下简称"联合国教科文组织"）在《质量保证和认证：基本术语和界定词汇表》中对认证的定义如下：认证是由非政府机构或私立机构开展的把高等教育机构作为一个整体，或者对某一个特定的教育项目进行评价，从而正式认定其是否满足某些预先确定的最低标准和指标的一个过程。

对以上定义进行提炼，可以得出高等教育认证的内涵：

（1）高等教育认证的本质是一种资格认定和社会公证，有了认证之后质量就有了保障。

（2）高等教育认证的主体是非政府、非营利性质的机构或者协会。

（3）高等教育认证的对象是高等院校或专业。

（4）高等教育认证的目的分为直接目的与最终目的。高等院校或专业是否符合标准，即是否具备认证的某种资格或能力，是认证的直接目的；高等院校或专业的学术质量的提升则是认证的最终目的。

二、专业认证

（一）专业认证的内涵

专业认证指的是由专业认证机构对专业性教育计划实施的专门性认证，是对专业教育在质量方面的全方位把控。专业认证同样起源于美国，其全称为"专门的/专业性的教学计划的认证"，它是高等教育评估体系的重要组成部分。专业认证是由专业认证机构与专业领域的专家或学者来进行的，主要对专业、课程、师资、资源、科研成果等进行综合评价，以评判高校专业能否培养符合专业要求和社会需要的合格的学生,并及时向社会公布相关的报告。

专业认证与高等教育认证密切相关,专业认证与高等教育认证相比也具有特殊性,主要表现在以下几个方面:

首先,专业认证强调论证,通过论证检查专业的教学计划或者各项合格标准。

其次,专业认证与高等教育认证不同,强调的是专业或者教学计划,指的是将来为进入特定的职业领域的学生而设立的专业标准。

再次,专业认证的主体同高等教育认证的主体一样,是非政府、非营利机构或者协会,由协会成员或者专业领域的工作者担任实施主体。

最后,专业认证具有特殊性,指的是专业认证强调专业性,更加关注专业的合格标准,比一般的高等教育认证要严格。

(二)专业认证的核心理念

专业认证有三大核心理念,即以结果为导向、以学生为中心、质量持续改进,这三者对专业认证来说非常重要(图1-1)。专业认证的核心理念体现了当下国际范围内的高等教育的发展趋势以及主流观念,对我国的专业认证具有参考借鉴的价值。

以结果为导向	• 专业认证的核心
以学生为中心	• 专业认证的基础
质量持续改进	• 专业认证的保障

图1-1 专业认证的三大核心理念

1. 以结果为导向

以结果为导向也称为基于学习成果的教育,指的是专业设计了培养目标及毕业标准,设定了对毕业生的学习成果要求,在这一基础上可反向推导出所需要的培养环节、课程体系、教学模式、改进机制等,进行全方位规划，保证构建的人才培养体系足以保证实现培养目标，足以保证学生达到预期的学习效果。

以往的教学往往将教学关注点放在积累上，为了获得更多的知识而搞题海战术，但对学习成果的转化较少关注。以结果为导向的教学理念将关注点放在了结果上，所关注的是学生到底学到了什么知识，掌握了怎样的能力，这些知识与能力能否进转化为成果。这样的转变可以让教师更加关注培养目标，抓住教育的本质，将培养出符合人才质量标准的人才作为最终目的。

2. 以学生为中心

以学生为中心指的是教学设计和教学实施都围绕学生开展，学校的培养重心也放在了促使学生达成专业培养目标、获得更好的学习效果上。以学生为中心需要辅以覆盖面广泛的定期评价及毕业生跟踪反馈机制。

以往的课堂教学以教师为中心，整个教学设计围绕着课程目标展开，教师在教什么内容和如何教上具有主动性，因此教师在课堂上往往注重知识的灌输，而忽略能力的培养。以学生为中心的理念要求教师充分考虑学生的现实需求，选择适合学生的教学方式来引导学生，促进学生的学习目标的达成。教师在整个教学过程需要关注学生学什么、怎么学，如何达成培养目标及毕业标准，如何在毕业时具备与标准相当的能力。这一根本性的转变大大提升了人才培养的质量，也贯彻了"以人为本"的培养理念。

3. 质量持续改进

只有通过周期性的评价所形成的持续改进的教学闭环反馈系统能持续、及时地评价及反馈教学实施的效果，及时弥补教学环节存在的短板，才能切实促进质量的持续改进。

以往评价学生是否优秀常以分数为标准，只考查学生的记忆力、模仿力等能力，存在片面性。这样导致的结果是，学生被动学习，并在学习过程中缺乏互动。虽然这样的学习也能让学生取得较好的学习成绩，但其能力往往并没有得到较大的提升。专业认证能够使学生在学习过程中积极进行互动，通过多元化、周期性、动态性的评估方式进行教学评价，建立起一套完整科学的教学质量改进机制，从培养目标、毕业标准、教学环节等方面持续进行改进，从而保障质量的持续改进。

（三）对专业认证的辨析

1. 专业认证与院校评估

（1）院校评估。2011年发布的《教育部关于普通高等学校本科教学评估工作的意见》提出建立本科教学评估制度，包括学校自我评估、院校评估、专业认证及评估、国际评估、教学基本状态数据常态监测五大内容。其中专业认证及评估容易与院校评估相混淆。

那么什么是院校评估？所谓院校评估，指的是专门评估机构对高校本科教学质量的总体评估。《教育部关于普通高等学校本科教学评估工作的意见》明确提出了院校评估必须由具备条件的教育评估机构进行评估，包括合格评估和审核评估，对2000年以来未参加过院校评估的新建本科学校进行合格评估，对参加过院校评估并获得通过的普通本科学校进行审核评估。合格评估中，学校的基本办学条件、基本教学管理、基本教学质量成为评估考察的重点，其目的是促进新建本科院校尽快通过评估。通常通过考查以下五个点来进行审核评估：

①培养效果与培养目标的达成度。

②办学定位和人才培养目标与社会需求的适应度。

③教师与教学资源条件的保障度。

④教学和质量保障体系运行的有效度。

⑤学生和用人单位的满意度。

（2）专业认证与院校评估的区别。这两者的区别有以下几点：

首先，专业认证与院校评估的目的不同。院校评估是对学校的办学水平及教育质量的综合评价，有利于推进学校各方面工作的开展，促进教学的改革，也为进一步强化国家对高等教育教学工作的宏观管理提供了条件。专业认证的目的是保障专业教育质量，确保培养出的人才达到专业要求的质量标准，并培养出符合社会主义现代化建设需要的人才。

其次，专业认证与院校评估的侧重点不同。院校评估的对象是学校，评估的重点落在了学校的办学条件、办学能力、体现国家教育方针的程度、教学工作、人才培养等方面。专业认证的重点在评估专业提出的人才培养目标与相应的教学计划的匹配度，考察教学是否达到了预期效果。

最后，专业认证与院校评估的结果不同。院校评估中的合格评估有三种评估结果，即"通过""暂缓通过""不通过"通过评估的高校在五年之后进入审核评估环节；审核评估是生成写实性报告，不分等级，其周期是五年。专业认证是对某一专业的现状按照标准进行评估，其最后的结果有三种，即"通过""有行条件通过"和"不通过"，对于通过的专业，其有效期为六年。

2. 专业认证与学科评估

（1）学科评估。学科评估指的是由教育部学位与研究生教育发展中心按照国务院学位委员会和教育部颁发的《学位授予和人才培养学科目录》中的相关标准，对全国具有博士或硕士学位授予权的一级学科进行的整体水平评估。学科评估是非行政性、服务型评估项目。学科评估与专业认证的相似性在于两者都是自愿申请的。

（2）专业认证与学科评估的区别。这两者的区别有以下几点：

首先，专业认证与学科评估的目的不同。学科评估的目的是贯彻国家关于研究生教育的方针，为申请单位了解学科的优势与发展方向、实现学科内涵发展、提升研究生人才培养质量提供依据。学科评估还为社会各界分析学校及学科建设情况提供依据。专业认证的目的在于推动师范类专业注重内涵建设，聚焦师范生内涵培养。

其次，专业认证与学科评估的侧重点不同。学科评估除了评估与学科建设相关的队伍建设、人才培养、科学研究、社会服务、文化传承之外，还评估学科的建设成果，尤其关注对学科建设贡献较大的优秀者，挖掘学科亮点。专业认证主要围绕专业建设展开，包括专业自评及现场考察，以此确定全体学生是否达到了预期中的学习成果，所关注的不仅仅是优秀的学生。

最后，专业认证与学科评估的结果不同。学科评估是一种质量评比，结果分档呈现，直接反映了学生所学专业的整体水平，影响着国家对学科建设经费的投入、学校对一流学科建设的支持力度等，同时也对招生、就业产生一定影响。专业认证强调专业教育达到基本质量要求，结论只有合格或不合格两种。

3. 专业认证与专业评估

（1）专业评估。专业评估指的是在本科教学评估中，对专业的办学方针、办学条件、指导思想、师资、课程等进行客观考评。专业评估是高校评估的重要组成部分。专业评估的主体是各级政府以及教育行政部门，带有强制性与指令性。

（2）专业认证与专业评估的区别。专业认证与专业评估虽然都是以专业为对象，并且依据一定的规范与标准进行评价，但有着明显的差别。

首先，专业认证与专业评估的目的不同。专业评估的目的为考察专业教学水平是否符合办学目标。专业认证的目的更加强调专业的专业性、职业性，与职业资格联系在一起，所指定专业的专业性更强。

其次，专业认证与专业评估的侧重点不同。专业评估考察的是专业的教学条件、培养过程等，是对学校专业本身的质量评价。专业认证是来自社会或职业协会的评价，需要外部力量来推动，以向社会、用人单位输送合格人才为重点。

最后，专业认证与专业评估的结果不同。专业评估按照教育行政部门设定的专业教学目标进行评定，评估的结果通过行政法文的形式公布，具有权威性。专业认证的结果只为主管部门制定决策提供一定的参考，不具有权威性。

三、师范类专业认证的相关内容

师范类专业认证是专门性的教育评估认证机构依照认证标准对高校师范类专业人才培养质量现状进行的一种外部评价过程，其目的是证明在当前和可预见的一段时间内，专业能达到既定的人才培养质量标准。师范类专业认证的核心是保证师范生毕业时具备相应的知识与能力素质，能达到培养要求，进一步推动师范类专业的内涵建设，改革培养体制机制，建立基于产出的持续改进质量保障机制和质量文化，聚焦师范生能力培养，保证专业培养出符合标准的合格毕业生。

（一）师范类专业认证的背景

师范生是中小学教师的重要来源，师范类专业的质量直接决定着未来中小学教师的水平，因此必须要把好师范类专业的质量关。近年来，我国的师范类专业取得了丰厚的成果，为教育界输送了大批的教师，为中小学提供了强有力的师资保障。在肯定其发展的同时，也要看到我国示范教育改革亟待解决的问题，如需要加快构建教师教育质量保障制度、促进教师教育内涵式发展等。

近年来，我国非常注重教师队伍的建设，《国家教育事业发展"十三五"规划》提出要加强教师教育体系建设，办好一批师范院校和师范专业，改进教师培养机制、模式、课程，探索建立教师教育质量监测评估制度；党的十九大也提出了要加强师德师风建设，培养高素质教师队伍。因此，要建设高素质教师队伍，就需要建立师范类专业认证制度，健全教师教育质量保障体系。

经过前期的多次试点，2017年，教育部印发了《普通高等学校师范类专业认证实施办法（暂行）》，颁布了《中学教育专业认证标准》《小学教育专业认证标准》《学前教育专业认证标准》等师范类专业认证的系列标准，进一步规范了师范类专业建设，为健全教师教育质量保障体系、提高教师培养质量奠定了基础；与此同时，还下发了《师范类专业认证工作指南（试行）》《师范类专业认证自评报告撰写指导书（试行）》等配套文件，建设了"普通高等学校示范类专业认证管理信息系统"（http://tea.heec.edu.cn）。

（二）师范类专业认证的基本理念

师范类专业认证以"学生中心、产出导向、持续改进"为基本理念，该理念贯穿认证的全过程。

1. 学生中心

以往教学以教师的"教"为中心，而师范类专业认证强调要遵循师范生的身心发展规律，以学生的学习效果和个人发展为中心来配置教育资源以及安排教学活动；师范类专业人才培养质量评价开始重视师范生及用人单位的满意度，真正从学生的角度、从社会发展的角度来培养人才。

"学生中心"除了体现在学生发展上，还体现在以下方面：

（1）强调遵循师范生身心发展规律，将培养目标以及所有学生在毕业时的目标达成情况作为评价的核心。

（2）培养目标围绕毕业要求及毕业之后一段时间内需要具备的从教能力设定。

（3）为了使师范生达到培养目标和毕业要求，需要加强教材、师资队伍等方面的建设。

（4）制定各种质量保障制度和措施的目的是推进师范类专业质量的持续提高，最终目的是保证所培养的师范生能满足知识能力素质要求，顺利开展教学。

2.产出导向

重视学生"学到了什么""能做什么"，强调明确学习产出标准，对接社会需求。根据毕业生核心能力素质要求，以师范生学习效果为导向，反向设计课程体系与教学环节，反向配置师资队伍与资源，评价师范类专业人才培养质量。

产出导向的教育（Outcomes-based Education，OBE）是国际高等教育倡导的一种先进的理念，它从"教师教了什么"扩展开来，主要关注五个问题：

（1）学生要取得什么样的学习成果？

（2）学生为什么要取得这样的成果？

（3）如何帮助学生取得学习成果？

（4）如何考查学生是否取得了预期的学习成果？

（5）如何保障学生取得学习成果？

OBE教育模式是一种新的教育范式，是专业人才培养体系设定的原则性理念。OBE教育模式下认证的关注点可以概括为三个产出、三个支撑、三个评价（表1-1）。

表1-1　OBE教育模式下认证关注内容

认证关注点	具体内容
三个产出	社会需求产出培养目标
	培养目标产出毕业要求
	毕业要求产出课程目标
三个支撑	毕业要求对培养目标的支撑
	课程体系对毕业要求的支撑
	课程教学对课程目标的支撑
三个评价	培养目标达成情况评价
	毕业要求达成情况评价
	课程目标达成情况评价

3.持续改进

强调聚焦师范生的核心能力素质要求，对师范类专业教学进行全方位、全过程跟踪与评价，并将评价结果用于教学改进，形成"评价—反馈—改进"闭环，建立持续改进质量保障机制和追求卓越质量文化，推动师范类专业人才培养能力和质量不断提升。

师范类专业认证的"持续改进"体现在两个方面：

一方面，通过设置独立的"质量保障"指标对师范生的核心能力提出要求，从保障体系、内部监控、外部评价、持续改进四个方面进行改进。

另一方面，在"课程与教学""合作与实践"部分设置"评价"二级指标，在"师资队伍"部分设置"持续发展"二级指标，要求对各种机制、制度和措施进行执行、跟踪、评价与改进。

（三）师范类专业认证基本原则及任务

1.师范类专业认证原则

师范类专业认证强调在工作中遵循统一体系、省部协同、高校主责、多维评价原则。

（1）统一体系原则。发布国家认证标准，实施整体规划，开展机构资质认定，规范认证程序，严格结论审议，构建统一认证体系，确保认证过程的规范性及认证结论的一致性。

（2）省部协同原则。教育部和省级教育行政部门加强统筹协调，充分发挥专业化教育评估机构的作用，形成整体设计、有效衔接、分工明确、分批实施的协同机制，确保师范类专业认证工作有序开展。

（3）高校主责原则。明确高校专业建设的主体责任，引导高校积极开展专业自评，推动建立专业质量持续改进机制，完善内部质量保障体系建设，促进师范类专业人才培养质量提升。

（4）多维评价原则。采取常态监测与周期性认证相结合、在线监测与进校考查相结合、定量分析与定性判断相结合、学校举证与专家查证相结合等多种方法，多维度、多视角监测评价专业教学质量状况。

2.师范类专业认证任务

师范类专业认证的任务是"以评促建、以评促改、以评促强"。

（1）以评促建旨在通过"兜底"监测，督促高校加大师范类专业建设投入，保证师范类专业办学基本条件达到国家基本要求。

（2）以评促改旨在通过"合格"认证，推动高校深化师范类专业教学改革，尤其是培养模式和实践教学改革，保证师范类专业教学质量达到国家合格标准要求。

（3）以评促强旨在通过"卓越"认证，引导师范类专业做精做强，保证师范类专业教学质量达到国家卓越标准要求，形成基于产出的持续改进质量保障机制和追求卓越的质量文化，不断提高师范人才培养质量和国际竞争力。

（四）师范类专业三级认证体系

师范类专业认证构建了三级认证监测体系。第一级是师范类专业办学基本要求监测，第二级是师范类专业教学质量合格标准认证，第三极是师范类专业教学质量卓越标准认证。

（五）师范类专业认证的认证对象、条件、基本程序

1. 师范类专业认证的认证对象、条件

普通高等学校师范类专业认证实行三级检测认证，第一级认证针对是经教育部正式备案的普通高等学校师范类本科专业和经教育部审批的普通高等学校国控教育类专科专业；第二、三级认证实行自愿申请，有三届以上毕业生的普通高等学校师范类专业申请参加第二级认证，有六届以上毕业生并通过第二级认证的普通高等学校师范类专业申请参加第三级认证。个别办学历史长、社会认可度高的师范类专业可直接申请参加第三级认证。

2. 师范类专业认证的基本程序

（1）第一级认证程序。第一级认证采取网络平台数据采集方式，对师范类专业办学基本信息进行常态化监测，其基本程序分为三个阶段（图1-2）。

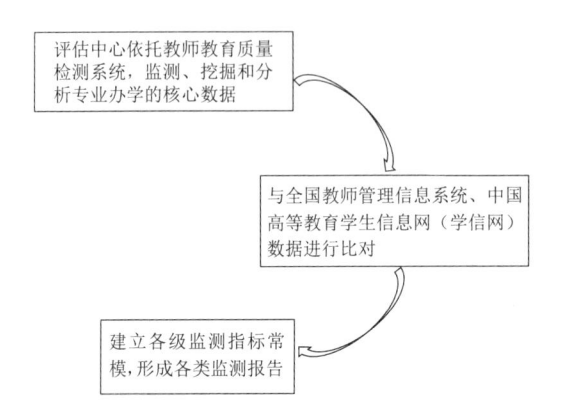

```
┌─────────────────┐
│ 评估中心依托教师教育质量 │
│ 检测系统,监测、挖掘和分 │
│ 析专业办学的核心数据   │
└────────┬────────┘
         ↓
┌─────────────────┐
│ 与全国教师管理信息系统、中国 │
│ 高等教育学生信息网(学信网) │
│ 数据进行比对          │
└────────┬────────┘
         ↓
┌─────────────────┐
│ 建立各级监测指标常   │
│ 模,形成各类监测报告  │
└─────────────────┘
```

图 1-2　第一级认证程序

（2）第二、三级认证程序。第二、三级认证采取专家进校现场考查的方式,对师范类专业教学质量状况进行周期性认证,认证的程序包括七个阶段（图 1-3）。

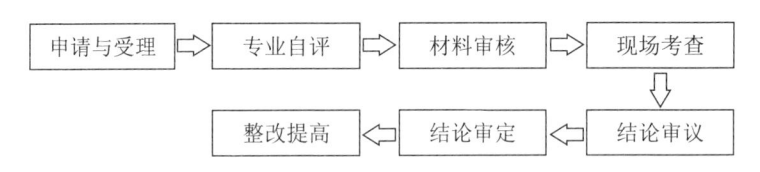

```
申请与受理 ⇒ 专业自评 ⇒ 材料审核 ⇒ 现场考查
                                      ↓
整改提高 ⇐ 结论审定 ⇐ 结论审议
```

图 1-3　第二、三级认证程序

师范类专业认证的结果具有一定的参考性,可以为政策制定、资源配置、经费投入、用人单位招聘、高考志愿填报等提供服务和决策参考。通过第二级认证专业的师范毕业生可由高校自行组织中小学教师资格考试面试工作。通过第三级认证专业的师范毕业生可由高校自行组织中小学教师资格考试笔试和面试工作。

第二节 师范教育与教师教育

一、师范和师范教育

（一）师范

师范指的是"可以师法的模范"。西汉时期，扬雄在《法言·学行》中首次将老师与模范联系在一起，认为"务学不如务求师。师者，人之模范也"，指出了老师在众人之中起着模范带头的作用。最早将"师"与"范"结合在一起的是东汉时期的赵壹，他在《报皇甫规书》中说道："君学成师范，缙绅归慕，仰高希骥，历年滋多。"这里的"师范"一词是学习的模范的意思，后来又引申为"效法"。

到了清末民初，"师范"有了指师范教育的意思，如：

欲革旧习，兴智学，必以立师范学堂为第一义。

——梁启超《论师范》

泰西各国，有所谓师范学堂者，专学为师，大学堂学生，如不能举为官者，考验后，仿泰西例奖给牌凭，任为教习。

——孙家鼐《议覆开办京师大学堂折》

臣惟师道立则善人多，故西国学堂必探源于师范。

——盛宣怀《筹集商捐开办南洋公学折》

高等学堂应附设师范学堂一所，以造就各处中学堂教员，即照《京师大学堂师范馆章程》办理。

——张百熙《钦定高等学堂章程》

顾明远在《教育大辞典》中将"师范"定义为"可以师法的模范。对教师职业特征的概括"。英语中表示师范的词语是 normal，最初含义为木工的标尺、模型等，引申为"规范"，也与教师职业相关联。

（二）师范教育

"师范教育"这一概念于19世纪末由日本引入中国，其英文为 normal education，和近代学制是同时期引入的。至于师范教育的定义，《中国大百科全书·教育卷》给出的定义为"培养师资的专业教育""包括职前教师培养、初任教师考核试用和在职培训"[①]。林永柏、康跃华主编的《师范教育学》中对师范教育的定义为"为各级各类教育机构培养和培训师资的机构、体制和过程，是一种专业教育"[②]。师范教育能够促进整个教师事业的发展，办好教育的关键在于教师，而要培养更多合格、优秀的教师必须依靠师范教育，可以说师范教育是教育事业的"工作母机"。师范教育从产生发展到现在经历了相当长的时间。在古代，并没有专门培养教师的机构，有学问、有知识的人就可以当教师。1684年，法国基督教学校兄弟会开办了师范学校——教师讲习所，这是欧洲最早的师范学校。但那时出现的只是师范教育的雏形，很长一段时间内师范教育的发展都很缓慢，其发展的黄金时期是近现代。随着社会生产力的发展，现代化大工业生产代替了小作坊，人们纷纷到工厂工作，工人需要一定的文化知识，于是欧美国家率先实行义务教育，规定儿童必须接收教育。随着儿童入学率的增加，对老师的需求增多，各国开始建立师范学校，用来培养大批教师，于是师范教育迅速发展，培养教师的手段也不断完善。

我国的师范教育开始于1897年，盛宣怀在上海创办了南洋公学，其中设有师范院，为南洋公学各院培养优秀教师。

1902年，京师大学堂设师范馆，用于培养教师，这标志着我国高等师范教育的开始。

1904年，《奏定学堂章程》颁布之后，师范教育成为独立系统，分为

[①] 中国大百科全书总编辑委员会《教育》编辑委员会，中国大百科全书出版社编辑部：《中国大百科全书·教育卷》，中国大百科全书出版社，1985，第319页。

[②] 林永柏、康跃华：《师范教育学》，吉林大学出版社，1990，第3页。

优级师范学堂和初级师范学堂两级。

1912 年,《师范教育令》开始实施,优级师范学堂和初级师范学堂分别改名为高等师范学校和师范学校。这一时期,全国设立了六所国立高等师范学校,有力地保证了师范教育的发展。

1949 年,中华人民共和国成立之后,师范教育迎来了飞速发展的阶段,完整的师范教育体系逐步建立,包括师范学院和师范大学、高等师范专科学校、中等师范学校,培养高中教师、初中教师、小学教师等。

20 世纪末 21 世纪初,三级师范逐渐转变为二级师范,中等师范学校撤销或者并入师范专科学校,师范大学也转变为综合性质较强的高等院校。此时的师范教育不再仅通过师范院校开展,而是形成了以师范院校为主,各大学共同参与的开放式的教师教育体系。

1997 年,国家开始设置教育硕士专业学位;2009 年,开始设置教育博士专业学位,2010 年开始招生。国家鼓励中小学教师继续深造。

结合各国的师范教育发展情况,我们可以得出一些结论:各国都对师范教育的发展非常重视,在发展中也采取了各种措施支持师范教育的发展,力图提升中小学教师的水平。

师范教育的发展呈现出以下趋势:

1. 发展高等师范教育

小学教师原来是由中等师范学校培养,随着社会生产力的发展以及科技与教育的发展,人们对中小学教师的要求也在不断提高,因此中等师范学校不能再满足小学教师的培养要求,一些国家开始取消中等师范学校或者将其升级为高等师范院校,培养年限也有所增加。

2. 提升高等师范学校的水平

第二次世界大战之后,各国加快提升高等师范学校的水平,调整高等师范学校的学制、入学条件使其与综合性大学一致。一些国家还取消了高等学院的建制,建立综合大学,或者将师范院校并入综合大学。这样的做法有利于师范生能力和素养的全面发展,进一步提升未来教师的水平。

3. 建立教师资格证书制度

为了进一步加强教师队伍建设,提升教师队伍的综合水平,各国相继建立教师资格证书制度，在从事教师职业之前，只有通过了教师资格的考试，获得了教师资格证书，才具备做教师的资格。

4. 改革在职教师的进修制度

为了促进教师的能力的提升，各国建立了教师进修中心、进修学院，定期对教师进行培训，促进教师能力的提升。随着时代的发展、社会的进步，在职教师的进修方式进一步拓展，国家开放大学、电视广播大学、函授大学等为教师提供进修课程，供教师学习。互联网背景下的网络远程教师培训也成为当下教师进修的流行方式。

5. 教师专业化发展

进入 20 世纪 60 年代后，教师的专业化成为师范教育的重点。1966 年，国际劳工组织和联合国教科文组织通过了《关于教师地位的建议》，指出要将教育工作当成一个专门的职业，"这种职业要求教师经过严格的、持续地学习，获得并保持专门的知识和特别的技术，它是一种公共的业务。另外，对于在其负责下的学生的教育和福利，要求教师具有个人和集体的责任感"，"教师专业化"这一观念逐渐成为世界各国的共识。美国卡内基教育和经济论坛、霍姆斯小组相继发表了《国家为培养 21 世纪教师作准备》《明日之教师》等报告，指出要提高公共教育质量，就需要促进教师的专业化发展。之后在全世界范围内都掀起了教师专业化的浪潮。我国重视教师专业化建设是在 20 世纪末 21 世纪初，在强调教师专业化的同时，还将师范教育改为了教师教育，主张教师职前培养与在职培训的一体化，体现出终身教育的理念。

由于国家发展水平的不一致，加上各国重视程度及重视的部分不同，各国的师范教育出现了发展不平衡的情况。虽然教师学历有了较大的提升，教师的质量也在不断提高，但发达国家仍然存在教师的结构性短缺问题；发展中国家面临的则是师资力量的不足，因此仍然需要加大力度建设教师教育。

二、教师教育

2001 年《国务院关于基础教育改革与发展的决定》将"师范教育"表述为"教师教育"，体现了教育的内在要求，标志着教师培养迈向了崭新的历史阶段。所谓教师教育，指的是专门培养、专门训练教师的教育，涵盖了教师培养与教师培训的整个阶段。教师教育并非凭空产生的，而是从师范教育的概念发展而来的,它以终身教育思想为指导,按照教师专业发展的不同阶段,对教师实施职前培养、入职培训及在职教育等,形成具有连续性和发展性的、一体化的教育过程。与师范教育相比,教师教育的内涵更加丰富,它更适应当今时代发展的要求。由师范教育到教师教育的转变直接影响了我国基础教育的教师队伍培养的制度、模式、方法、标准、课程设置、权利责任等,它是一项复杂的工程,其意义也是重大的。

(一)教师教育接轨世界教师教育发展的新动态

1949年,中华人民共和国成立之后,师范教育获得了快速的发展,并很快走向成熟。在发展过程中,我们也将眼光投向世界,在审视的过程中,我们看到了世界范围内教师培养的新成果——教师教育。

对于国外的教师培养来说,教师教育通常是作为一个学校制度建立起来的,它经历了一个发展变化的过程:中等师范教育层次—高等师范教育层次—综合性大学的重要组成部分。

20世纪末,中国的教师培养体系逐渐由三级师范(高师本科、高师专科、中等师范)向二级师范(高师本科、高师专科)过渡,而教师教育逐渐取代师范教育,这都体现了我国紧跟世界教师培养发展新潮流,不断改革和发展。

(二)教师教育化解教师教育改革中的矛盾

1996年,第五次全国师范教育工作会议提出,在维持中等师范、师范专科、师范本科三级层次体系的同时,构建独立的师范教育体系,但在这一体系中,又存在着不可调和的矛盾,主要表现为以下几点:

(1)师范院校独立设置与非师范院校参与教师培养活动的矛盾。

(2)维持中等师范、师范专科和师范本科体系与教师培养层次的提升之间的矛盾。

(3)师范院校的三级师范院校与职后培训的进修院校之间的功能上的交叉。

(4)师范教育的定向性与教师资格认证制度之间的矛盾。

(三)教师教育对师范教育的继承与发展

21世纪的师范教育承载着教师培养与教师培训工作,为教师培养与能力的提升做出了巨大的贡献。在发展的同时也出现多方面的问题。基于以上矛盾，教师教育产生。当然教师教育并非对师范教育的彻底否定，两者是继承与发展的关系。教师教育必然是在师范教育的基础上形成的，是对师范教育的发展。

教师教育对师范教育的继承和发展主要体现在以下几个方面：

1. 教师培养与培训活动的重要性

师范教育所开展的教师培养与培训相关的活动对于促进国家教育发展、教师队伍建设都有积极的意义，师范教育必须优先发展。

2. 师范教育为教师提供了发展平台

教师扮演着教书育人的角色，其一言一行都需要注意，要给学生树立良好的榜样。同时，教师也应该具备良好的品质，要培养人才，就需要具备专业的知识与优秀的品质，师范教育正好能够为教师提供最好的平台，帮助他们成为合格的教师。

3. 要提升教师培养质量，必须开展专门性的教师培养与培训

师范教育与其他教育有着本质的区别，其目的是培养大批合格的教师，以充实中小学教师队伍，促进教学质量的提升。专门性的教师培养与培训可以促进教师综合素质的提升，促进教师教学能力的提升，为培养更多的社会主义建设者奠定基础。

三、从师范教育转变为教师教育的原因

（一）国际教师教育理念的确定

1. 教师教育的国际共识

工业革命后，接受教育的重要性越发凸显，中小学教师大量紧缺，师范学校迎来了发展的契机。

第二次世界大战结束之后，影响世界的国际性组织——联合国成立，对教育科学文化影响深远的联合国教科文组织也应运而生。在国际性组织的指导下，各国的教师教育统一发展，共同进步。

我国的师范教育从我国的特定国情出发，一直服务于中小学教师队伍

建设，并取得了一定的成就。

2.《关于教师地位的建议》的影响

1966年，联合国教科文组织和国际劳工组织通过了《关于教师地位的建议》（以下简称《建议》），明确提出应把教师工作视为一种专门职业。为了让人们进一步认识到《建议》的重要性，切实提升教师地位，联合国教科文组织和国际劳工组织在2008年发表了《1966年国际劳工组织/联合国教科文组织〈关于教师地位的建议〉和1997年，教科文组织〈关于高等教育教学人员地位的建议〉及使用指南》。在这本指南中，联合国教科文组织进一步强调了教师和教学质量在学生学习中的作用，指出它直接关系着学生学习成果的多少；并建议学校不仅要有一支实力雄厚的教师队伍，还应当建立支持教师的教学及终身职业发展的制度，促进教学质量的提升。

以上内容表明，到20世纪下半叶时，世界范围内面临的基础教育问题不再只是教师数量的问题，更重要的是教师的质量问题，针对这些问题，《建议》出台，成为阐明教师的权利与责任以及教师的入门培养和进一步教育、招聘、就业、教学条件等方面的国际标准。

3.《关于教师地位的建议》中的教师教育理念

教师教育理念指导着教师进行教育活动，教育理念倡导什么，教师教育活动就会朝着什么方向发展。教师教育理念的核心是培养什么样的教师，即培养具有人文、教学和技术素质的教师。教师需要被看成一种专门的职业，要成为教师，就应通过持续的学习获得教师岗位需要的知识及技能，并且走上教师岗位后要具备责任感，对学生负责。教师教育活动的最终目的是成为具有特备素质要求——教书育人的教师角色。

教师教育理念的重点放在了如何培养合格的教师上，《建议》要求所有从事教师职业的人都在一个适当的师资培训机构完成相应的课程，也就是说要培养教师，就需要具备具有一定规模和质量的师资培训机构。

《建议》规定了对培养对象的资质要求。在培训机构录取之前，培养对象需要先完成一定的教育，并具备成为合格教师的一些特殊的素质，这就对培养对象提出了更高的要求。从而，师范学生能够通过接受教师教育，具备了自我提升和教育别人的能力，提升通过教书育人为国家、社会、文化、经济作贡献的能力。

教师的继续教育方面,《建议》要求建立广泛的在职教育系统,向所有的教师免费开放,除了教师参与之外,还应当让教师培训机构、科学与文化机构参与进来。

总之,《建议》对全世界的教师教育发展有着积极的意义,它促使各国开始用世界眼光来培养教师,对我国教师教育的发展有着指导性的意义。

(二)基础教育以及高等教育的发展

1. 基础教育的发展

基础教育包括学前教育、小学教育、中学教育,每个国家的现代学校教育体系都包含着基础教育的三个部分,但是这三个部分并非同时构建起来的,而是有着先后顺序的。一般来说,小学教育普及之后中学教育开始普及。我国的基础教育普及模式是先普及初等教育,再普及九年义务教育,之后开始向两头延伸,一头向着高中教育延伸,另一头向着学前教育延伸。普及的重点及程度都会影响着教师教育的发展,因此教师教育的发展直接受基础教育的影响。

教师教育的发展有一定的规律可循,国家发展某一部分的教育时,相应的教师教育的发展也会跟进(表1-2)。

表1-2 国家所发展的教育与教师教育之间的关系

国家发展的教育	教师教育发展
初等教育	中等师范教育一级机构
中等教育	由中等师范学校向高等师范院校发展
初等教育与中等教育同时发展	中等师范学校和高等师范学院构成的教师教育体系

当小学教育发展到了高级阶段,对小学教师提出了更高的要求时,教师教育就出现了高等教育水平的示范院校体系。当基础教育发展到高级阶段,教师的数量可以支撑教育发展时,就需要构建高质量教师培养体系,使教师朝着专业化的方向发展,于是就产生了综合性大学的教师教育体系。

我国的基础教育1978年之后得到了较大的发展,1986年《中华人民共和国义务教育法》颁布后,九年义务教育进入了新的发展阶段。2000年,我国基本普及了九年义务教育。总结我国基础教育的发展情况,一方面,基础教育的普及率和总体的发展水平都不断提升；另一方面，区域之间的发展不平衡，一些发达地区率先普及了高中教育，教师教育水平也随之得到了较大的提升。针对小学、初中、高中的三级师范教育体系也需要根据基础教育发展的新形式做出改变。

2. 高等教育的发展

20世纪90年代，中共中央、国务院印发了《中国教育改革和发展纲要》，为高等教育的规模化发展奠定了基础。1995年，国家教委（现为教育部）颁布了《关于深化高等教育体制改革的若干意见》。1998年，全国高等教育管理体制改革经验交流会提出了高等教育管理体制改革的"共建、调整、合作、合并"的八字方针。对于高等教育的体制的改革必然会涉及师范院校的调整。

高等教育的结构上的调整对师范教育的转型有着重要的影响。1999年，中共中央国务院颁布《关于深化教育改革全面推进素质教育的决定》之后，高等教育结构逐步调整，师范院校独立设置的情况发生了变化——一些师范院校开始与高校合并，形成多科性或者综合性大学；一些师范院校升级并修改了名称。

高等教育规模上的扩大也对师范教育转型产生了深远的影响。1993年《中国教育改革与发展纲要》颁布，提出教育的规模要有"较大发展"。之后高等教育的规模不断扩大，其规模扩大的方式主要有两种，一种是扩大现有的高等院校的规模，实施扩招；另一种是新建高等院校，通过院校升格或合并，扩大规模。

（三）教师教育机构的发展

教师教育机构自身的发展也是推动师范教育向教师教育转型的重要因素。

教师教育机构的发展受人才培养的目标、任务、培养方式的影响，而教师教育的根本任务就是为基础教育培养教师，培养什么样的人才、如何培养合格的人才、如何培养高质量的人才等问题都需要教师教育机构认真规划、实施，而顺应时代人才需求的变化也促使教师教育机构不断改革。

独立的师范院校要培养教师，就需要设置普通教育、学科教育、专业教育。其中专业教育是师范院校区别于其他高等院校的教育，而普通教育和学科教育在其他高等院校中也会开展，独立师范院校要想脱颖而出，必须不断提升自身的培养能力。

中等师范院校与高等师范院校需要根据基础教育的发展要求不断提升水平。中等师范院校培养的教师面向的是小学教育和学前教育，目前两者都对教师提出了更高的要求，所以中等师范学校必然要提升自己的学术水平，只有这样才能培养出合格的教师；而中等师范学校向高等院校的升格也是其自身发展的必然要求。高等师范院校要培养更多优秀、高质量的教师，除了提升自我的特色培养教育之外，还必须学习其他高水平的综合性大学，来提升自我的综合能力，这样的结果是，高等师范院校各种学科都得到了发展。教师教育机构自身的发展与变化也会影响原来师范教育体系及培养模式的改变。

第三节　高质量教师教育

一、教育高质量发展

（一）教育高质量发展的内涵

十三届全国人大四次会议通过的《中华人民共和国国民经济和社会发展第十四个五年规划和2035年远景目标纲要》提到了"建设高质量教育体系"，要求实现教育高质量发展。

教育高质量发展中的"质量"一词有两种定义：一种是事物本身所具有的属性，如事物的形状、颜色、气味等，这是"质"上的规定性；另一种是由此衍生出的满足特定对象需求的程度，即适用性，表现为好与坏、优与劣等，这是"量"上的规定性。

教育高质量发展不仅要体现在质上，还要体现在量上，因此教育高质量发展既涉及教育的增长路径的变革，又涉及教育机制的变革。进一步分析教育高质量发展的内涵，可知其内涵主要包括以下几个方面：

1. 教育公平发展

未来，区域、城乡、学校之间的教育越来越公平，教育制度更加完善，体现出充分性与平衡性，"兜底"机制、分享机制、保障机制、动力机制进一步发展。

2. 教育均衡发展

科学规划教育布局，促进区域教育的协调发展，进一步健全区域教育协调发展体制机制。根据区域特点，发挥其教育优势，因地制宜，促进教育新格局的产生。

3. 教育协调发展

推动区域协调发展战略的落实，促进城乡协调发展新格局的构建，促进校际协调发展。

4. 教育全面发展

贯彻党的教育方针，落实立德树人的根本任务，坚持德智体美劳五育并举，促进教育相关的领域全面发展。继续深化教育改革，促进各方面体制机制的形成。

5. 教育创新发展

实施教育创新驱动发展战略，促进教育创新，以问题为导向，统筹兼顾、综合施策，提前布局，强化制度建设，打破固化的行为结构，激发教育创新的活力。

6. 教育优质发展

充分利用现有的教育资源，挖掘其发展潜力，实现各类教育投入与产出的效益最大化，使各类教育要素边际生产率与边际收益达到最优，优化教育发展制度、教育发展过程、教育发展动能、教育发展方式。

7. 教育持续发展

利用现有资源发展教育，促进教育的可持续发展。

8. 教育安全发展

积极落实为社会主义现代化建设培养合格人才的责任与使命，实施思政课程，开展全员育人、全程育人、全方位育人的"三全"育人，给学生提供正确的价值导向，引领学生的理想信念，培育学生的爱国情怀，提升学生的品德修养，熏陶学生的高远志向，使学生立志成为担负祖国发展、民族复兴重任的时代新人。

从本质上说，教育高质量发展是满足高质量需求的发展，是新发展理念引领下的发展，需要全面变革教育发展方式、不断优化教育结构、转变增长动力，发展为集质量、结构、创新于一体的高质量教育体系。

实现教育高质量发展，构建高质量发展体系是当前我国教育发展的重点。

（二）高质量教育体系

高质量教育体系与教育高质量发展这两个概念的内涵是一致的，高质量教育体系更强调国家层面的体系构建，是与现代化强国相适应的教育体系。

高质量教育体系包括三个部分（图1-4）。

```
┌─────────────────────────────────┐
│   高水平的均等化的基本公共服务体系   │
└─────────────────────────────────┘
┌─────────────────────────────────┐
│  多样化选择性的准基本公共教育服务体系 │
└─────────────────────────────────┘
┌─────────────────────────────────┐
│    有利于人人成才的教育治理体系     │
└─────────────────────────────────┘
```

图1-4 高质量教育体系的组成

高质量教育体系的主要特征包括四个方面：

1. 开放性

高质量教育体系中，教育应表现出开放性的特点。我国近现代教育体系的变革无不体现在吸收、借鉴先进教育模式的基础上，且当下的教育体系更注重与社会之间的关系，主张体系构建与社会实践相联系，从社会实践中获得启发与支持，并将体系构建与服务社会实践紧密联系在一起。高质量教育体系的构建致力于改变传统的应试教育的制度，实现学校的社会化、教育资源的社会化。

当下时代的主要特征是开放性，现代信息技术的发展进一步促进了教育技术的提升，进一步为教育的发展提供了工具支持，促进了教育公平。因此，教育部提出实施教育数字化战略行动，通过教育信息化来促进教育的现代化发展。

2. 灵活性

高质量教育体系应当具备灵活性，促进人的发展，创造一个有利于因材施教、有利于人人成才、有利于终身学习的现代教育体系。

高质量教育体系的灵活性还应表现在个人的教育轨迹、专业选择、毕业时间、课程学习等方面。

3. 多样性与选择性

只有办学主体多元化，才能满足越来越多元的教育需求。多元化的办学主体可以调动社会教育资源，使得社会各个方面力量都参与进来，促进高质量教育体系的构建。

从办学形式上看，学生的基础、爱好、学习习惯、兴趣等存在差异，因此需要考虑学生个体发展的需求，高质量教育体系的构建就是要为学习者提供更多的资源与更多的选择权。在体系建设过程中，最关键的是要促进地方本科以及职业院校的多样性发展，另外，对于高中阶段，也要促进普通高中的多样性发展，构建相应的灵活的考试招生制度，为人才的培养奠定基础。

4. 公平性

高质量教育体系的构建强调班级、学校内部以及学校之间的公平，其公平表现为规则公平、程序公平，即每个人都能获得合适的教育，成长为建设祖国的合格人才。

二、高质量教育呼唤高质量教师队伍

教育的高质量发展以及高质量教育体系的构建都离不开教师队伍，教师不仅是教育的主体，还是教育的关键。随着我国教育的改革与发展，教育呈现出内涵上的深化，因此对教师的要求也越来越高，具体表现为对教师要求的细节增加，呈现出具体化的倾向。而要建设高质量教师教育体系，就要打造高质量教师队伍。

打造高质量教师队伍需要从以下三个方面入手：

（一）弘扬传统的尊师重教的风气

教师是文化与技术传承的践行者，他们将我国优秀的文化与技术教给学生，为社会主义现代化建设培养了人才。因此，要发展教育就先需要尊师，为人才的培养奠定基础。教师从这个意义上说也是民族复兴和国家发展的坚实基础。尊师与重教相联系，要评价教师教学质量，不仅要看所培养的学生的学习成绩，还要结合学生的实践能力，多维度地进行考察。如果只将学生成绩作为评价老师的标准，就将导致教师急功近利，不利于传道授业，久而久之也会阻碍教育的发展。

（二）提供相应的制度保障

为了彰显人民教师的地位，国家出台了许多针对性的法律法规与政策，如《中华人民共和国教师法》《中共中央 国务院关于全面深化新时代教师队伍建设改革的意见》《国务院关于加强教师队伍建设的意见》等，还出台公费师范生计划、特岗计划、乡村教师支持计划等，这一系列的措施促进了教师待遇及其社会地位的提升，教师在当今社会的地位越来越高。同时，教师自身也需要认识职业的本质，注重个人的成长与发展，以便全身心地投入教育当中。

（三）教师本身要做好表率

教师需要为人师表，率先垂范，就是说教师需要带头给学生做榜样，要以德立身，注重修德。只有拥有了人格尊严和道德修养，才能更好地教书育人，才能赢得他人的尊重。也只有当教师具备了优良的品格后，校园内才能形成良好的教育氛围，教育行业才能良性发展。

三、加快构建高质量教师教育体系

2021年1月，教育部等六部门联合发布了《关于加强新时代高校教师队伍建设改革的指导意见》，将高校教师队伍建设放在重点发展的位置上，提出了支持高校教师队伍建设的系列举措。2021年8月，教育部等九部门联合印发了《中西部欠发达地区优秀教师定向培养计划》，指出要加强中西部欠发达地区教师的定向培养；2021年11月，教育部发布了《中华人民共和国教师法（修订草案）（征求意见稿）》（以下简称《征求意见稿》），公开向公众征求意见，进一步明确教师的权利与义务、待遇与保障，以便提高教师准入门槛，突出师德师风的评价标准。

《征求意见稿》与现行的《中华人民共和国教师法》相比，在教师权利与义务、资格和准入、聘任和考核、培养和培训、保障和待遇等方面有所调整，同时对时代背景下产生的新问题以法律条款的形式予以回应，体现了新时代背景下教师队伍建设的立法情况。

《征求意见稿》先对教师的法律地位进行了明确，明确指出公办中小学教师是国家公职人员，突出显示了教师的公共属性。教师这一法律地位的明确进一步强化了教师的承担的国家使命，对教师的工作提出了更高的要求。《征求意见稿》有助于提高教师的政治地位及社会地位，能够有效保障教师的权利与待遇。

《征求意见稿》强调加强教师队伍建设，包括取得教师资格的学历要求、教师的在职发展。事实上，在20世纪80年代，我国就通过提升教师的学历水平来加强基础教育建设，取得的成效是显而易见的。而随着基础教育现代化的进程加快，教师队伍也面临新一轮的学历层次提升。

要建设高质量的教师队伍，不仅需要学历提升以及职后教育，还要在培养的供给侧方面进行改革。因此，《征求意见稿》提出了"国家建立以师范院校为主体、高水平非师范院校参与的中国特色教师培养体系。国家支持高水平综合大学举办教师教育"，主张构建具有灵活性、开放性的现代化教师教育体系。因此一方面，要强化师范院校的主体地位，引导师范院校抓好人才教育与培养，以实现优秀教师人才的培养；另一方面，要引领综合性的大学依靠其办学优势等举办教师教育，以此提升教师培养层次，不断拓宽培养模式。师范院校及综合性大学共同目标是培养高素质、创新型、专业化的教师。

第二章 地方本科高校高质量教师教育建设的理论基础

地方本科高校高质量教师教育建设的理论基础包括本科高校教学质量评价、教师教育质量评价、地方本科高校教师教育评价的指标体系三个方面的内容，这三个方面可以为推动地方本科高校高质量教师教育建设提供理论与实践方法。

第一节 本科高校教学质量评价

一、教学质量评价

（一）教学质量评价的定义

教学质量评价是一种特殊的评价活动，在叙述教学质量评价的含义之前，需要弄清楚评价的含义，这样有利于把握教学质量评价的概念。评价概念是价值学的基本范畴，所谓评价，指的是主体对客体的一种观念性把握，是主体关于客体有无价值以及价值大小所进行的判断。简单地说，评价就是对价值的认识，其中，价值是指客体对主体的意义，也就是客体对主体的作用、效用。评价作为人类认识的一种特殊形式，既要对客体的事实性材料（属性）加以描述和把握，又要从主体的目的、需要出发对客体进行价值判断，是以事实把握为基础的价值判断过程。教学评价是对教学的价值判断，在本质上是一种价值认识活动。教学质量评价由评价主体、客体、方法、标准等基本要素构成。

教学质量评价的主体主要是教育行政人员、管理人员及教师等，学生也是教学质量评价的主体。学校整体以及各个部门和成员都会影响教学质量的每一个方面和每一个环节，都可以成为教学质量评价的对象。它涉及教学的各个领域和各方面的工作，如人才培养目标、教学目标、教学计划、教学环节、教学过程、教学模式、专业建设、课程建设、教师的授课质量、学生的学习情况以及学校的教学设施、教学环境和教学管理工作等。

（二）本科高校的教学质量评价的转变

本科高校的教学质量评价目前还存在许多问题，如对教学质量评价的意义不够重视，在教学质量评价过程中缺乏规范性，评价主体参与度不够，评价结果的反馈与沟通不够充分，等等。要解决以上问题，质量评价就需要进行根本的转变，其转变的内容包括以下五个方面（图2-1）：

图 2-1　教学质量评价的转变

1. 教学质量评价对象

教学质量评价对象的转变是由侧重对学生评价转向侧重对教师评价。以往的教学模式中，课堂教学围绕着教师展开，以教为中心，但在教学质量评价过程中，重点考察的对象是学生，忽略了教师。

2. 教学质量评价重点

教学质量评价的重点由注重结果转向注重过程，不仅评价的对象要转向教师，还要将侧重点放在对过程的评价上，原因是教育的过程是复杂的，只有把控好过程，才会收获好的结果。

3. 纠正教师评价上的偏差

由过分强调教师管理、教师的服务功能，转向重视教学发展及教师的引导功能上来。

4. 纠正培养方案上的偏差

由追随潮流、重视制定过程，转向重视个性与特色、重视落实的过程上来。

5. 纠正学生评价上的偏差

教育教学质量由教师质量与学生质量两部分构成，以往学生评价往往会抑制学生的积极性，导致学生学习质量的降低。要提升本科高校的教学质量，就需要改变学生评价上的偏差，从强调学生学习结果转向强调学生学习过程，拓展学生素质，促进学生的全面发展。

也有一些学科从以下几个方面来对高校教学质量评价的偏差进行纠正：

1. 试题梯度设置

学生的评价受很多因素的影响。梯度的设置能够有效减少一些错误的做法，从而改变局面。

2. 应用正态分布

学生的考试成绩好坏与教师的教学效果有一定关系，但非决定性关系，如果学生的成绩普遍高，却偏离了正态分布，则表现为虚高。应用正态分布能更好地评估教学效果。

3. 运用学术研究新成果

发展高质量的教学质量评价需要依靠科研的力量，了解教学领域的动向，站在学术的前沿，将更多有益的成果运用到质量评价上去，否则，教学质量评价工作水平将无法提高，评估结果对教学实践的指导作用也将大打折扣。运用学术研究新成果，可以更好地反映出被评价教师的教学效果，并且提升评价的信度与效度。

4. 专家评价

将少数教师的评价作为评价教学质量的结果显然是狭隘的，需要由院系教学负责人和教务管理、教育科研、质量管理、招生就业的部门的人员组成专家评价委员会进行评价，这样可以提升评价的质量。

二、本科高校教学质量评价的内容

（一）师资队伍与教学条件

师资队伍的评价内容主要包括师生的比例、师资队伍的学历情况、师资队伍水平、年龄结构、性别结构、职称情况、教师人均课程开设数、教师的敬业精神、教书育人的成果、工作完成情况、业务培训情况等内容。

教学条件的评价内容主要包括教学经费投入，教学用房，图书馆及图书资源，艺术教育资源，学生人均课程的开设数，学生人均教学科研仪器设备值，教学日常运行经费占学费收入的比例，学生人均教学行政用房，百名学生配教学用计算机台数，百名学生配多媒体教室和语音实验室座位数，学生人均纸质、电子图书、期刊量，等等。

（二）教学建设与改革

教学建设与改革的评价内容主要包括以下方面：
（1）具体专业的人才的知识结构、能力结构与素质结构。
（2）整体的课程体系。
（3）具有特色的教育教学模式。
（4）更新教学内容，现代教学方法与手段的运用。
（5）实验、实训基地的建设。
（6）教学管理制度的建设。
（7）精品课程、网上教学课程比例、规划教材、教改参与项目、教学成果等。

（三）专业培养能力

专业培养能力的评价内容包括本科培养目标及定位、创新创业教育、立德树人机制落实、专业课程体系建设、学风建设。

（四）教学质量保障体系

教学质量保障体系的评价内容包括以下几方面：
（1）学校人才培养中心地位落实情况。
（2）教学质量评估。

（3）教学质量监控。

（4）教学行为规范。

（5）本科基本状态分析。

（6）开展专业评估、专业认证、国际评估情况。

（五）教学效果

教学效果的评价内容主要包括以下几方面：

（1）学生学科竞赛（如"挑战杯"中国大学生创业计划大赛、全国大学生数学建模竞赛、全国大学生电子设计竞赛）获奖情况。

（2）学生发表论文、作品、专利。

（3）学生创新项目。

（4）大学生英语四、六级考试累计通过率。

（5）计算机等级考试通过率。

（6）高考录取平均分。

（7）高考第一志愿录取率

（8）毕业生学士学位授予率。

（9）毕业生考研率。

（10）毕业生就业率。

（六）学生学习效果

学生学习效果的评价内容主要包括下以几方面：

（1）学生学习满意度。

（2）毕业情况。

（七）特色发展

特色发展的评价内容主要包括以下方面：

（1）建设特色专业、新兴专业、精品课程等。

（2）落实立德树人的根本任务。

（3）以学生学习与发展成效为核心。

（4）价值引领及通专融合。

（5）创新本科教育组织模式。

三、本科高校教学质量评价的方法——综合评价方法

综合评价方法也叫"多指标综合评估""多变量综合评判",指的是在评价的过程中综合多个影响因素或者指标,通过定性分析或者定量分析,对评价对象进行比较、排序、分档的一种评价方法。

综合评价方法又可以分为静态评价和动态评价,静态评价主要就评价对象及评价指标展开评价;如果加入评价时点,则需要采取动态评价。当前动态评价处在起步阶段,在教学质量领域运用得较少。

评价数据较为复杂,从其完整性来划分综合评价方法,可以分为完全信息下的综合评价方法、不完全信息下的综合评价方法。传统的综合评价方法,如层次分析法、TOPSIS法(图2-2)都属于完全信息下的静态综合评价方法。

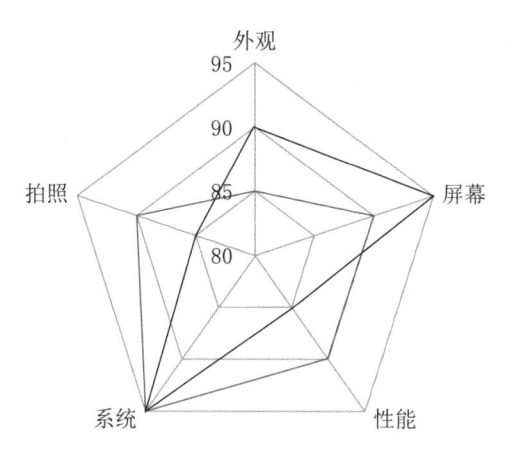

图2-2 TOPSIS法概述图

在实际的操作中,教学质量相关信息的搜集常常由于评价者自身的知识的缺乏、调查时间不恰当、使用评价方法不恰当等问题,而得到不完整的数据或信息,于是就需要采取不完全信息下的综合评价方法[1],但现实当中这种方法较少用在评价高校教师质量上,这里重点讲述完全信息下的静态综合评价方法。

完全信息下的静态综合评价方法主要包括四种,即层析分析法、逼近

---

[1] 唐志力:《基于D-S证据理论的教学质量综合评价》,《教学研究》,2009年第4期。

理想解排序法、模糊综合评价法、基于灰色理论的评价方法。

(一) 层析分析法

层析分析法产生于20世纪70年代的美国，代表人物是美国运筹学家萨蒂，他主张运用层次化、系统化、模型化、数量化的分析方法来分析复杂的现象。使用这种方法主要是将目标问题——教学质量评价分解成教学态度、教学手段、教学方法、教学内容、教学效果等不同的因素，将这些因素按照支配关系进行组合，形成一个渐进的结构模型。运用该方法进行分析包括五个步骤：

（1）递阶层次结构模型的建立（图2-3）。
（2）各层次中判断矩阵的构造及其赋值。
（3）一致性检验。
（4）各评价指标组合权重的计算。
（5）综合评分指数的计算与排序。

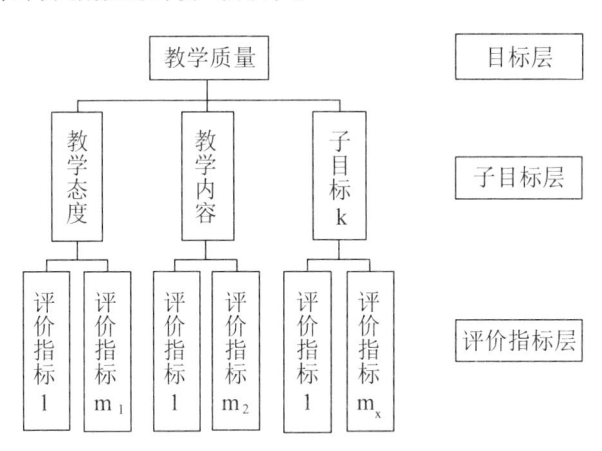

图 2-3 层析分析法教学质量评价结构模型

萨蒂所提出的层析分析法的优点主要表现为以下几个方面：

（1）计算简便、结果明确、实用性强。无论是对不同时期不同教师或者课程的评价，还是对不同时期同一教师或者课程的评价，都适用。

（2）综合评分指数由于直接由原始数据取值计算得出，并没有经过标准化的处理，所以对于指标取值数量级别差距较大的资料来说不适用。但如果将其用在本科高校的教学质量评价中，由于数量级别相同或相近，使用综合评分指数不会影响原始的信息量，所以较为适用。

（3）权重作用因细化的指标等级得到充分显示。

（4）能客观检验其判断思维全过程的一致性。

（5）采取定性与定量结合的分析方法，故能满足高校教学质量评价中的难以用定量指标进行分析的复杂的问题的需要，具有一定的灵活性。

该方法的缺点如下：

（1）研究对象的指标较多时不适用，各指标判断起来较为困难。

（2）容易受人为因素的影响。因为层析分析法需要建立层次结构模型，还要给出成对的比较矩阵，这些环节都需要人的参与，所以其评价的结果容易受人的主观因素的影响，因此在使用时经常与德尔菲法结合起来使用。

（二）逼近理想解排序法

逼近理想解排序法属于有限方案多目标决策分析方法，其实施步骤包括四步。

首先，对所有评价指标进行处理，常用的方法是同趋势化处理、归一化处理。

其次，从归一化后的矩阵中找出两组数据。这两组数据具有鲜明的特征：一组是最优的指标数据，另一组是最劣的指标数据。将这两组数据分别作为虚拟最优方案、虚拟最劣方案。

再次，计算评价的所有对象与虚拟最优方案、虚拟最劣方案的欧氏距离。

最后，依据最接近最优方案且最远离最劣方案来确定最优评价对象。

逼近理想解排序法的数学模型如下。

$$C_i x = \frac{D_i^-}{D_i^+ + D_i^-}$$

其中 D_i^+ 表示各评价对象与最优方案的欧氏距离；D_i^- 表示各评价对象与最劣方案的欧式距离；C_i 表示各评价对象与最优方案的接近程度。也就是说 C_i 值越大，排序越靠前。

逼近理想解排序法的优点表现为以下四点：

（1）排序明确、结果直观。

（2）逼近理想解排序法与其他综合评价方法相比，优势在于能最大限度地挖掘原始数据的价值，通过对评价对象与最优方案和最劣方案差距的量化，形成更直观的评价。

（3）对评价指标多少、评价对象多少、样本含量大小、数据分布类型等均无严格的限制，因而应用范围广泛。

（4）该法进行了归一化处理，故能消除评价指标量纲的不同带来的影响，对指标量纲差异悬殊的资料亦可评价。

逼近理想解排序法的不足之处如下：

（1）综合指数不能反映各评价对象与理想的最优方案的相对接近程度，只能体现它们内部的相对接近度。

（2）当增加或删除某个（些）评价对象时，有时会出现排序结果颠倒的现象，即逆序现象，这会让实施教学评价的决策者难以接受。

针对该方法的缺点，众多学者对其进行了改良，如王一任、任力锋、孙振球提出的改良 TOPSIS 法就解决了 C_i 值的缺陷和逆序问题，其排序结果更灵敏、更贴近实际。[①]

（三）模糊综合评价法

模糊综合评价法（Fuzzy Comprehensive Evaluation，FCE）是 1965 年美国自动控制专家扎德在模糊数学理论的基础上，应用模糊关系合成的原理，提出的一种评判事物的隶属等级状况的方法。

教学质量受许多因素的影响，存在一些边界不清且不易定量的因素，具有一定的不确定性和模糊性。对于这种模糊性很难用精确数学去处理，必须借助模糊数学进行定量分析，故模糊综合评价在教学质量评价领域已被广泛采用。

应用模糊数学方法评价教学质量的主要步骤如下：

第一，给出评判指标集 $U=\{u_1, u_2, \cdots, u_m\}$ 和评价（语）集 $V=\{$优，良，中，$\cdots\}$。

第二，建立 U、V 的模糊评价矩阵 R，R 是从 U 到 V 的模糊映射 $f: U \rightarrow F(V)$。

---

① 王一任、任力峰、孙振球：《一种新的动态 TOPSIS 法在医疗质量评价中的英语》，《中南大学学报（医学版）》2012 年第 10 期。

第三，设置指标的权重集 $A=\{a_1, a_2, \cdots, a_m\}$。

第四，计算综合隶属度向量 $B: B = A \cdot R$。

第五，对 B 进行归一化处理，根据隶属度最大原则判断评价等级。

第六，用系数加权平均法 $P=B \cdot V$，其中评价等级得分 $V'=\{95, 85, 75, \cdots\}$，得到各评价对象综合得分 P，从而排序。

该方法的优点如下：

（1）能利用精确的数字手段有效地处理具有模糊性的评价对象，得到比较科学、合理、贴近实际的结果。

（2）评价结果作为一个向量，相对于点值而言，包含更丰富的信息，不仅能较准确地体现评价对象特征，还能通过计算得分对其进行排序择优。

该方法的缺点如下：

（1）权重的确定方法属于主观赋权法，会影响结果的客观性。

（2）由于权向量和为1，当指标集 U 较大时，超模糊现象的产生会导致较差的分辨率。

根据教学评价的不同目的及评价资料的特点，可将模糊综合评价与 AHP 法或 TOPSIS 法结合使用，互相补充、完善，多角度、全方位地提供评价信息，使教学质量评价更全面、深入。

（四）基于灰色理论的评价方法

灰色系统理论是1982年我国控制论专家邓聚龙提出并建立的。该理论以信息不完全明确的"小样本"和"贫信息"的不确定性系统为研究对象（这是概率统计、模糊数学所不能解决的），通过对部分明确的信息进行了解、掌握和开发，从中提取有价值的信息，实现对系统中不明确信息的挖掘和认识。

教学质量受多种因素的影响和制约，其信息部分明确（如考试成绩），部分不明确（如教学态度的"好"与"较好"就是不确定的，具有灰色性）。由于教学质量评价系统的这种灰色特性，灰色理论适用于教学质量。

目前，有关灰色系统理论的教学评价主要有两种方案：一种方案是基于灰色关联分析开展评价，它是依据空间理论的数学基础，在遵循灰色关联的规范性、对称性、整体性、接近性四公理原则的基础上，选取反映系统行为特征的参考序列和影响系统行为的比较序列，然后求出若干比较序列与理想值（参考序列）之间的关联系数和关联度，再依据关联度得到评价对象的排序结果；另一种是基于灰色聚类分析的教学质量评价，先出教学质量状态的灰色分类，如优、良、中、差等，再定义灰类的白化权函数，采用适当的方法确定指标权重，进行灰色聚类分析，得到教学质量聚类等级，以及在各评价等级上（优、良、中、差等）的分布状况。

第二节　教师教育质量评价

教师教育质量评价注重的是过程性的评价，其评价的内容除了教师专业标准、机构标准、课程标准之外，还有对教师教育质量的整体性评价。教师质量、教师教育质量之间有着密切的联系，但两者有明显的区别，教师教育质量评价需要在这两个概念的基础上进行解读。

一、教师质量

从世界范围内看教师的发展，会发现 20 世纪时，教师就已成为各国为国家培养人才、满足国家战略发展需要的主要力量。这一时期，教师专业化运动兴起，明确规定了教师的社会责任及教师地位，进一步促进教师这一职业成为一种专门的职业。除此之外，各国也开始关注教育的发展，加大力度发展教育，并且大力提高教师质量，因为教师质量直接影响着教育的发展，所以政府成为教师专业化的重要推动力量。

一般来说，在教学设施、教育制度、教育理念、学生智力一定的情况下，教师就成为决定教学质量的重要力量。20 世纪 80 年代之后，中小学教育以及教师教育进行了一系列的改革。教师质量的高低要依靠教师专业标准来评判，教师专业标准的制定基于教师实践经验和理论研究。

美国国家教师质量委员会总结教师质量的相关内容，得出了以下结论：

（1）选择性教师认证方式与教师的教学效果有较大的关系。

（2）在培养中学教师时需要师范生主修或者选修与所教学科的直接或

者间接相关的学科；培养小学教师时，对其学习知识的要求则较低。但无论是培养中学教师还是培养小学教师都需要师范生具备丰富的知识，具有较高的站位，能引导学生积极思考。

（3）教师的教学效果与教师个人对职业的热爱、忠诚程度和个人的感染力、影响力等有关。

（4）教师的学历、学位与教学的质量并不是正相关。

（5）教师教学效果与其之前所学的课程并没有太大的关系，但其教学技能对教学效果的影响较大，通常从实践中获得。

（6）教师的教学质量不会随着经验的丰富而不断提升。

以上内容显示出，要评定教学质量，应从知识、伦理、情感、技能等方面对教师个体和教师队伍整体进行评价。

二、教师教育质量与教师教育质量评价

教师质量指向的是教师队伍整体和教师个体，而教师教育质量评价具有多元性，不仅包括对初任教师、在职教师的结果质量的评价，还包括对教师教育机构培养和培训教师的过程质量的评价。

教师教育本身就是一个复杂的过程，因此教师教育质量的评价有着多重性质，即行业评价、学术性评价以及政府评价。

教师的专业化促进教师教育的专业化，教师教育专业化主要包括两个方面的内容：教学专业化以及教师培养和培训的专业化。

教学专业化指的是中小学教师的教学具有专业性，这使得教学成为一种专业。

教师培养和培训的专业化指的是教学的专业化必然导致培养教师的过程的专业化，也必然促进教师培养机构、教师培训机构的专业化。对这些培养机构或者培训机构进行评价非常有必要。也可以说教师教育机构的认证和教师教育质量的评价是教师教育专业化的产物。

教师教育的大学化促进教师教育朝着学术性和实践性两个方向发展。欧洲教师教育联合会作为区域性教师联合组织，积极推动欧洲教师间的相互理解，调整课程内容及教学方法，从1991年开始，每年确定一个主题，提高人们对教师教育的关注度。斯坦里·穆勒以及菲利普·泰勒于1991年开始的对欧共体成员国的教师教育课程的研究其中提到教师教育"大学

化""专业化""质量"等名词,并且说明了教师教育的"专业化"需要教师教育的"大学化"的支持,两者的建设最终要落到教师教育质量上,要注重教师教育的学术背景、学术基础以及教育方法,促进教育方面的理论及教育科学的发展。

20世纪末,我国的教师教育的发展逐渐与世界发达国家的发展同步,以往的独立的师范学院或者培训机构逐渐被综合性大学取代,部分师范学院合并到综合大学中,为我国培养高质量的教师队伍奠定了基础。

教师教育大学化能够促进教师专业组织的发展,在美国,教师专业组织培养了大批合格的教师,并形成了教师教育质量认证与评估的系统,这一系统使得教师教育质量稳定发展。

教师教育质量的评价不仅需要政府、教师专业组织的支持,还依靠教师教育机构自身的推进。教师教育质量评价需要从教师教育的内在要求出发,根据教师教育机构的教育目标、教育内容及教育方法,按照一定的标准及程序,综合评价教师教育的相关要素、教学过程、教学状态以及绩效,进行质与量的把控。

教师教育质量评价需要建立一个完整的评价体系,使得评价朝着规范化方向发展,教师教育质量评价机制将是教师教育运行机制的重要组成部分。教师教育质量评价既要参考现代教师教育评价理论,又要结合实际的教师教育现状,研究教师教育评价的特点,构建完整的教师教育质量评价机制,促进整体的教师教育质量的提升。

三、教师教育质量评价的作用、依据及原则

教育质量的评价是对高校培养师资涉及的各个方面进行定性或者定量的分析。教师教育质量评价制度就是促使教师教育质量评价成为学校教育的重要环节,形成规范或者规章,这样可以有效保证及提升教师教育的质量。

(一)教师教育质量评价的作用

1.有利于相关高校的管理制度上的完善

当前一些负责教师教育的高等院校在工作上还有短板,虽然近几年有了较大的提升,但仍然需要在管理制度上进一步完善。教师教育评价就是

将学校的教育成果、教育过程以数字化的方式呈现出来，这样就很容易发现学校需要改进的地方，从而学校就可以完善制度，增强薄弱环节。

2.有利于增强教师及学生的责任感

教师教育工作涉及教师和学生，他们的责任感直接影响着教师教育质量，责任感的增强可以促使他们在教与学的过程中表现得更加积极主动。通过教师教育质量评价，可以让全校的师生认识到高校的教与学的质量，清楚了解自己学校在众多高校中的地位，这些无疑能够激发师生的责任感，使他们通过优异的成绩来推进教师教育质量建设，为教师教育事业贡献自己的力量。

教师教育质量评价是对高校教师教育质量的总体评价，通过评价反馈可以全面了解学校工作的具体情况，从而有针对性解决问题，推动教师教育的发展。

（二）教师教育质量评价的依据

所谓教师教育质量评价的依据，指的是所实施的评价需要体现教育的本质规律，同时要以现代的评价理论为指导，结合实践经验，依照教育相关的政策法规，来评价教师教育质量。

1.教师教育的目的

要建立教师教育质量评价体系，就要先明白教育的目的。目的体现的是教师教育机构的目标，同时也是教师教育质量评价的依据。提升教师职业的专业化水平是教师教育的基本任务，教师教育的目标是使教师具备实施素质教育所需的创新精神、实践技能等，因此教师教育质量评价体系需要从这些基本内容出发，并且要从教师教育的根本目的来设计。

2.教师教育的特殊性

教师教育区别于一般的教育，两者之间有着质的不同，教师教育所针对的是全体的在职教师，通常采取知识教学、技能教学等教育方式，因此教师教育需要突出它的特殊性——超前性、发展性、动态性等。

3.国内外的有益经验

国外的教师教育评价体系为我国的教师教育评价体系的构建提供一定

的参考。随着教育评价的不断发展，其评价的范围在不断扩大，其评价的方式也呈现出多样化的倾向。国外以自然主义探究评价模式为代表的评价模式，为教师教育评价实践提供重要的参考。当前基础教育的评价工作卓有成效，这些教育评价的经验都可以运用到教师教育上来。

4. 不断完善的教师教育的相关政策

为了推动教师教育的发展，我国先后颁发了《中华人民共和国教师法》《教师资格条例》《面向21世纪教育振兴行动计划》《中小学教师继续教育规定》《国务院关于基础教育改革与发展的决定》等文件，这些都为建立教师教育质量评价提供了法律依据。各地依照法律开展教师教育，开展教师教育质量评价工作。综上所述，教育法规的不断完善为教育教学质量评价工作提供了保障。

（三）教师教育质量评价的原则

教师教育质量评价的原则是实施教师教育评价的基本准则，同时也是教师教育质量评估制度的重要组成部分。教师教育质量评价的原则反映了教师教育评价的基本规律，同时体现了评价的指导思想以及基本要求，进一步促进了评价工作的顺利开展。一般来说，教师教育质量评价原则不仅包含着一般教育质量的评价原则，同时也包含教师教育评价的特殊原则。

1. 科学性原则

评价的方案、内容、方式、手段、程序等要具备一定的科学性，评价主体要深入分析评价对象的本质，找到决定性因素，明晰各组织内部之间的关系，从而建立起具有整体性的层次分明、标准明确、权重合理的质量评价体系，之后需要采用科学的方法进行反馈，以使评价结果真实地反映评价对象的本质，达到育人的目的。

对于教师教育质量评价来说，其科学性原则表现为必须符合教师教育的发展规律，需要遵循教师评价的客观规律进行科学评价，可以说科学性原则是教师教育质量评价的生命力。科学性原则表现为在评价活动中处理好评价主体与客体之间的关系，注重评价信息的真实性与评价结果的客观性。在评价过程中，需要以评价指标、评价标准为标尺，参考以往评价信息，采取科学的评估方法，对质量评估对象进行评估，并作出价值判断。

需要强调的是，评价过程的重点是利用已有的教师教育评估信息进行评价，最终要建立起层次分明的教师教育质量评价指标体系。

评价过程中要处理好定性与定量的关系，运用模糊数学、统计学等方法与理论时，尽量将数据量化，评价结果也要尽量准确、客观。但我们也要看到，教师教育培训活动涉及的范围极广，同时培养的过程十分复杂，评价的定量分析难以实现，因此教师教育质量评价不能过分强调量化，如果只以分值来评价一所学校教师教育培养的水平，不免偏颇而需要将处理好定性与定量的关系，将两者结合起来进行评价。

2. 方向性原则

《中华人民共和国教师法》规定教师是履行教育教学职责的专业人员，承担教书育人、培养社会主义事业建设者和接班人、提高民族素质的使命。教师应当忠于教育事业，应当为了教育的发展贡献自己的力量。作为一名教师，需要严格要求自己，积极贯彻、落实国家关于教育的方针与政策，自觉遵守规章制度，认真执行教学计划，完成教学目标。教师要完成以上工作内容，就需要综合地学习各种知识，包括专业知识、通识知识、思想文化知识、法制知识，还要学习教育政策，在工作中遵循方向性原则，通过实践不断提升自己的思想觉悟，不断提升自己的教学技能。

开展教师教育质量评价工作需要遵循方向性原则，其评价要有效引导教师教育的政治方向，这样可以对教师教育起到监督的作用。各种教师教育培训机构需要贯彻党的方针政策，其思想政治教育标准需要与时俱进，切实促进质量评价体系的向前发展。

3. 动态性原则

动态性原则指的是评价过程中，评价主体要根据评价对象的变化而变化，通过改变相应的评估办法、内容或者指标来构建科学的教师教育质量评价体系。

坚持动态性原则有以下几点要求：

（1）评价指标具有针对性。

（2）评价过程中将静态评价与动态评价结合起来。

（3）根据具体变化，及时改变评价标准，使其符合评价对象的发展变化规律。

（4）把握科学性与客观性。当下教师教育主张坚持终身教育的理论及方法，这就要求教师不断学习，不断充实自己。教师教育是一个过程，在整个过程中又包含着若干个小过程，一个过程的结束标志着另一个过程的开始。因此，教师教育质量评价体系的构建应当在时间上把握终身性，在范围上把握全方位性。动态性原则还要求评价过程中整体地、系统地来把握整个评价过程，将动态评价与静态评价结合起来，根据评价对象的变化做出相应的调整。

遵循动态性原则的评价是以提升教师的能力为目标的，而能力的提升并非一蹴而就，它需要一个缓慢长期的过程，评价不能仅仅是对几门课程的考核，不能仅仅是对某一阶段的考核。在评价过程中需要用发展的眼光看问题，通过动态评价，看到教师自身的进步，也看到教师的不足，促使教师朝着更专业的方向发展。在评价时，需要评价培训者、受训者及教学诸要素，且围绕这些要素的初始状态展开，需要建立相关制度与常规操作流程。在流程实施过程中，也要从诸多相关的因素中梳理各因素之间的内在的联系，特别是教育管理与教学质量的形成机理，做好系统化设计，制定评价工作的相关标准及流程，建立起全面的、系统的、可操作的教育质量评价体系。

4. 针对性原则

针对性原则指的是教师教育质量评价需要从教育发展的要求出发，满足教师队伍发展的需求，针对教师教育的客观实际来确定评估体系中的各个要素，并制定相应的措施及方法。针对性原则强调根据评价对象、评价目的等的不同，调整相应的评估内容，设置不同的评价指标，针对具体实际制定实施方法。不同的评价对象，评价的目的、重点也不同。

教师教育质量评价具有多方面的功能及作用，包括鉴定、监督、诊断等，但主要针对的是中小学教师的人格素养、知识、能力、技能等，需要将这些作为评价的出发点。

教师教育不仅要提升整个教师队伍的整体素质，还要把握素质教育的方向，另外，教师的在职培训、经济与教育发展的不平衡等都表明了教师教育质量的评价需要针对不同的评价对象建立多元化的评价体系，以顺应教师教育的发展规律。

5 互动性原则

互动性原则指的是评价主体与评价对象之间需要密切合作，积极互动。如果最终的评价结果不为评价对象认同，评价活动就失去了意义，只有评价对象对评价结果认同，评价才能发挥其应有的作用，指导之后的教师教育活动。因此，评价主体与评价对象的沟通与互动直接影响着评价工作的顺利进行，同时也是促进评价对象改进，提升教学效率，实现评价目的的重要手段。

互动性原则体现在以下两方面，一方面需要按照评价标准对评价对象进行全方位的客观的评价；另一方面还需要评价对象的自我评价，并将教师教育的自我评价作为教师教育评价的重要部分，这样，评价对象就不再是被动地接受评价，而是主动提升自己的教育教学质量。在实际的评价过程中，相关的评价主体需要积极指导评价对象做好自评工作，公布明确的评价指标及评价要求，这样评价对象就可以针对评价指标和评价要求进行调整和建设。

要构建良好的互动评价机制，在开展评价工作时，就还要有效控制情绪、环境、兴趣、关系等各方面的因素，避免受其干扰，客观、真实地进行评价，增强双方的互动，以充分发挥评价的作用。

6. 发展性原则

教师教育的最终目的是为中小学培养合格的适应社会主义现代化建设需要的教师人才，提升中小学教师队伍的素质，从而提升基础教育的质量，进一步提升人才的质量。教师教育的直接目标是通过对实施过程的评价，不断提高教师教育质量，进一步提升高校教师教育的办学质量，从而实现中小学教师的全面发展，所以要发挥评价的激励功能，促进教师教育工作的加强与改进。

在教师教育质量评价中，教师素质的评价是重要的一环。要运用人本主义教育思想及理论来考察教师教育质量评价，要看评价是否充分尊重教师的个性发展，是否充分尊重教师的专业化发展，是否满足教师的多元化学习要求，是否促进教师的自我成长，等等。所以，教师教育质量评价需要体现发展性原则，需要关注教师的素质教育开展情况，关注教师在终身教育理念的影响下的教学改进和能力提高，关注教师运用各种知识与理论开展课堂教学的能力。在评价过程中，需要跟踪评估，通过跟踪评价对象的发展情况,结合实际进行综合评价,通过质量评价增强其主体责任意识和主体发展意识,促进评价对象提升自我能力,实现全面发展。

第三节 地方本科高校教师教育评价的指标体系

一、地方本科高校教师教育评价体系的评价准则

(一)评价准则的相关内容

评价准则是价值判断的依据,是教师教育评价的重点。评价准则指的是评价判断价值的标准与尺度,是对评价对象的本质的规定,一切评价活动都要根据评价准则来进行。评价准则是一定时期人们价值观念的反映,也是一定时期内人们对教育活动客观规律认识的产物。

在教师教育评价中,评价准则作为评价方案的核心存在,对其的研究最多,其研究的难度也最大。评价准则规定了教师教育评价的内容、评价什么内容、不评价什么内容以及优秀评价的标准等。可以说评价准则直接关系着教师教育评价体系的构建是否科学,因此要形成科学的评价准则,需要对教师教育的发展规律进行深入研究,这样才能保证科学的评价准则的形成。

评价准则涉及两个重要的方面:评价标准、评价指标。

1. 评价标准

评价标准是评价准则在量的方面的重要表现,是对评价准则的量化,同时也是对评价价值判断的深化。

2. 评价指标

虽然评价准则和评价标准对教师教育评价给予质和量的规定,但它们并不能揭示评价对象的内在关系,具体需要用到评价指标。

所谓评价指标,是对评价标准的内容的细化,也可以被看成是评价准

则的具体化呈现。它是指评价内容集合中的元素，通常根据评价目标制定，是反映评价对象在某个方面的特征的具体评价要素。评价指标体系从本质上说是将评价主体的评价准则具体化、客观化。

（二）确定评价准则的依据

从理论角度出发，教师教育评价的依据包括评价目的、评价属性以及价值选择三个方面。

1. 评价目的

确定评价准则前，需要确定评价的目的，原因是不同的评价目的需要不同的评价准则。

从教师教育本身的目标出发，将培养活动达成专业目标的程度当成评价准则，其所设定的专业目标起着正向的作用，能激励教师教育向前发展，当培养目标与反馈结合在一起时，反馈成为评价判断的基础，那么目标本身也是评价准则。

从社会发展的角度出发，因为不同时期的教育发展目标不同，所以教育评估的准则也会随之变化。即使同一时期，也可能由于政府制定的教育评估不同，导致评价准则不同。即使是同一所高校，实施的是合格性评估还是审核性评估也会影响评价准则的内容。

总而言之，评价目的直接影响着评价准则，因此教师教育的评价准则需要根据教师教育评价的目的制定。

2. 评价属性

总的来说，教师教育评估是为了判断教师教育的评价对象是否遵循教育发展的规律及满足客观需求。例如，办学条件、师资队伍、培养模式、课程体系等都是教师教育评价的内容，就看这些内容能否满足教师教育当前的发展需求，能否与当前的教师教育专业的需求相适应，因此教师教育评价的属性成为评价准则确定的依据。

3. 价值选择

当前，教师教育评价主要依据的是主体价值的选择，结合评价对象的外显属性，确定评价准则，并决定评价什么以及如何进行评价。

二、地方本科高校教师教育评价体系的形成途径和依据

教师教育培养是主要围绕师范生的专业化发展而进行的专业教育活动，教师教育的本质是满足政府、社会、高校、基础教育以及学生个体对教师的专业化需求，所以一切评价准则都是围绕着这些需求展开，从分析这些需求出发进行构建的。

（一）教师教育质量评价准则的形成的途径

一般来说，教师教育质量评价准则的形成要经过以下途径（图2-4）。

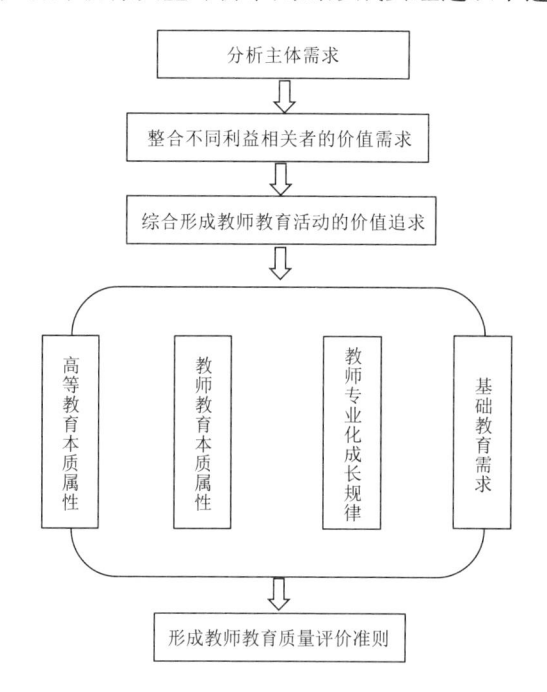

```
            ┌─────────────────┐
            │   分析主体需求    │
            └────────┬────────┘
                     ↓
         ┌─────────────────────────┐
         │ 整合不同利益相关者的价值需求 │
         └────────────┬────────────┘
                      ↓
         ┌─────────────────────────┐
         │ 综合形成教师教育活动的价值追求 │
         └────────────┬────────────┘
                      ↓
    ┌────────┬────────┬────────┬────────┐
    │ 高等教育 │ 教师教育 │ 教师专业化│ 基础教育 │
    │ 本质属性 │ 本质属性 │ 成长规律 │  需求   │
    └────────┴────────┴────────┴────────┘
                      ↓
         ┌─────────────────────────┐
         │  形成教师教育质量评价准则  │
         └─────────────────────────┘
```

图 2-4　教师教育质量评价准则形成的途径

经过这些途经构建的评价准则不仅符合教育发展的规律，还能兼顾各方面的利益相关者的需要，可以充分发挥各方的主动性，使得评价准则更加科学。教师教育评价准则确立之后，相应的评价标准及评价指标体系也会建立。

（二）地方本科高校教师教育质量评价体系的形成依据

地方本科高校教师教育质量评价体系的形成依据包括三方面的内容（图 2-5）：

从客观实际出发
从高等教育的实际出发，依照人才成长规律、质量与公平相统一的价值诉求进行评价

从实践经验出发
从高等教育和师范生个人成长的客观需求出发，以教师教育的客观需求为依据，全面了解教师教育发展的现状

从政策导向出发
结合国家、当地政府、高校、学生等重要的利益相关者的实际需求，依据近几年国家教师教育相关的政策导向来构建评价指标体系

图 2-5 教师教育评价体系形成的依据

1. 从客观实际出发

地方本科高校教师教育已经成为高等教育的重要组成部分，且地方本科高校教师教育专业也成为学科专业发展中的重要专业，与工科、农科、医科、艺术学科等共同成为高校学科的重要组成部分，并且教师教育不仅具备与其他学科相同的质量标准，还有其自身的独特性。

（1）从高等教育的规律出发，依照人才成长规律进行评价。

首先，地方本科高校教师教育的评价需要遵循教育规律。教师教育属于高等教育的一部分，其质量评价同样是高等教育质量评价的表现之一，因此在制定地方本科高校教师教育评价指标时，应当遵循教育的基本规律，包括外部规律和内部规律。

遵循教育的外部规律指的是教师教育受时代影响，受当时的社会经济发展水平的影响，不同的社会经济条件下，高等教育的方针、目标、政策、运行机制、课程体系等都有所不同，但不同的社会经济条件下的评价体系都需要与社会发展相适应。教师教育对社会经济的适应并非被动消极的，而是积极主动地适应。

遵循教育的内部规律指的是教师教育本身需要遵循人才成长规律，既要遵循人类的一般发展规律，又要从师范生自身的客观需求出发制定评价准则。

以上内容充分说明了教师教育质量评价不能违背教育的规律，更不能违背个人发展的规律，需要遵循规律开展评价工作。遵循规律具体表现为评价内容根据社会经济发展的水平确定，能联系教师教育发展的现状，确定评价过程及评价的各个环节，制定客观、全面、合理的教师教育评价目标、准则、方法、路径。

其次，地方本科高校教师教育评价要从客观需求出发，这个需求既包括国家或者地区发展的需求，又包括教师专业发展的需求。评价主体按照明确的评价实施方案以及国家教师教育专业标准、课程标准、教师专业标准等价值判断的标准，对地方本科高校教师教育专业培养的人才进行评价，主要评价师范生是否能满足基础教育的需求，是否身心能获得全面发展。该评价既考虑到社会需求，又考虑到了师范生的自身发展，这些因素成为构建地方本科高校教师教育评价体系的重要内容。

（2）依照体现质量与公平相统一的价值诉求进行评价。地方本科高校教师教育质量评价需体现质量与公平相统一的价值诉求，在保障公平的基础上促进质量提升。当前，我国教师教育发展致力于提升教育质量，促进教育公平，特别是开放式的教师教育体系构建起来后，基础教育对优秀中小学教师的需求推动了高校教师教育的高质量发展，并促进了教师教育的改革。教师教育改革的最重要的一项是教育公平，教育公平既包括教育制度上的公平，又包括教育实践上的公平。教育制度上的公平需要关注群体的利益，促进资源配置上的公平；教育实践上的公平主要表现在教育实践过程中，注重个体的发展，注重过程的公平。构建教师教育质量评价体系的过程中，需要坚持质量与公平的统一，在保障公平的同时，还要保证质量，使评价更具有指导意义。

遵循质量与公平相统一的原则可以促进教师教育培养机构差异化发展，从而形成多样化评价模式。开放式的教师教育体系的构建，意味着教师教育培养机构的发展呈现多样化特征，包括综合性大学、高等师范学校、民办师范大学等。同时办学层次上也呈现出多样化，包括职业教育、专科教育、本科教育、研究生教育。开放式的教师教育体系的构建还造成了教师教育质量的差异化，主要表现为办学质量上的差异，比如在本科层次的教师教育培养机构中，有"211""985"、省属高校等，由于办学环境、办学背景的不同，教师教育专业的办学质量呈现出差异。虽然差异是不可避免的，但要争取达到质量公平，就尤其要注意到部属、省属师范大学、综合性大学在办学类型、办学定位上的差异，不能简单地认为部署的师范院校培养出的师范生质量就高，而省属的师范生质量就低，而应当针对高校自身的情况进行定位，这样才能促进教育公平发展，提升教育质量，形成多样化的评价模式，构建完善的教师教育评价体系。

（3）借鉴国外的教师教育评价指标。一些国家的教师教育发展得比较成熟，因此教师教育评价体系也较为成熟，参考这些评价指标可以有效推进我国教师教育评价指标体系的构建。较为成熟的教育评价指标主要包括办学条件、生源、课程计划与教学内容、师资、师范生能力与培养质量、质量管理、教育实践等方面。

①办学条件。办学条件是保证教师教育质量的必要条件，较为成熟的教师教育培养机构的培养标准以及认证要求都会将办学条件作为是否达标的考核条件。办学条件包括教学设施、办学资金等方面。

②生源。为了保证教师教育的高质量发展，教师教育专业在招生选拔上应对生源提出较高的要求，择优录取学生。生源上的要求包括知识积累、从教的意愿、个人修养等，其中知识积累是主要考察的方面，通常将学生的考试成绩作为参考。

英国《职前教师教育要求》规定，本科生不能直接申请教师教育专业，需要有学士学位，英语成绩和数学成绩还需要达到"C"。

澳大利亚的教育部颁布了《职前教师教育课程标准》，要求申请教师教育专业的学生必须完成12年的基础教育，申请小学教师教育专业的学生的英语成绩和数学成绩都需要在申请者排名的前70%，国际学生还要求其雅思成绩达到7.5分。

加拿大阿尔伯塔省的阿尔伯塔大学的教师教育专业在全校所有的专业中排名第二，仅次于该校的医学院。其在生源的选择上非常严格，选择申请者排名的前70%～75%入学，对于国际学生，还要求其雅思成绩要达到7.5分。

从20世纪80年代开始，美国许多重要的教师教育报告都提出要提高教师教育入学标准和教学入职标准，促进教师教育质量的提升。同时，美国许多州都会向学习教师教育专业的师范生提供全额奖学金，以吸引更多的优秀的学生投入教师教育中。

③课程计划与教学内容。课程计划一般包括人才培养目标、课程（结构、内容）、学分学时、考核方式等，在教师教育人才培养中起到重要指导作用，也是各国教师教育专业开展教学必须具备的内容。只有有了课程计划，相应的教学才能顺利进行，才能在规定的时间内完成教学目标，逐步实现人才的培养目标。

2002 年，美国全美教师教育认证委员会修订了《教师教育机构标准》，其中课程与教学内容是重要的评价指标。

英国高等教育质量保证署针对不同学科专业制定了《学科评估标准》，其中有"课程设计、内容和组织"，体现了课程的重要性。其教师教育专业质量评价主要考察的内容有专业课程设计、内容、组织等，促进学生学习成果的产生，并且评价课程的创新性与前沿性。

澳大利亚教师注册与认证机构评议会审议会对职前教师教育课程的标准进行了规定，对课程认证提出了三个方面的要求：

首先，毕业生需要达到教师专业标准的要求。标准包括关于专业知识、专业实践、专业价值观、专业协调力等方面的标准，要求所有师范生掌握所学专业的基本概念、原则及结构，并掌握一定的教学技巧、教学策略，能客观、科学地评价自己的专业实践，并能处理与多元背景下的学生群体的关系。

其次，学历以及英语水平需要达到部门要求的水平。

最后，在学习理论知识的同时还要进行教学实践，并且要在实践中获得专业的实践经验。

④师资。对教师教育专业的教师水平的评价也是教师教育质量评价的重要内容，原因是教师教育专业的教师的素质直接决定了专业人才的质量。

2008 年，荷兰教师教育工作者协会制定了《教师教育工作者专业标准》，对教师教育培养机构进行规范，其中将教学技能视为评价指标中的重点，在教学技能方面提出了三大教学技能——教学能力、组织能力、交流与反思能力。将教师教育师资的水平作为教师教育专业发展的重要考察内容。

⑤师范生能力与培养质量。近年来，教师教育专业人才培养方式不断改革，朝着重视能力、实践的方向发展，始终以学生为中心，通过多方面的保障，促进人才的培养。教师教育专业培养的人才，其知识储备、品行、能力等都是衡量教师教育质量的重要指标生源质量需要保证，毕业生质量也应当重视，毕业生质量衡量的是毕业生在毕业时是否达到教师教育专业要求的能力及水平，与新入职的教师能力水平相衔接。国外许多国家会根据教师教育职业标准来制定职前教育的培养目标。

美国教师教育认证委员会颁布的《教师教育机构标准》规定了若干子标准，其中一个子标准就是师范生的质量。其对师范生培养质量从学生的品性，从教学科的专业知识，学科教学法知识，专业和教学法知识与技能，指导、评价中小学生的学习五个方面加以要求，注重对师范生的批判性思维、专业反思与专业化发展、问题解决、多样化教学策略、教育技术辅助教学、课堂管理、人际沟通合作等能力的培养。

加拿大不列颠哥伦比亚省颁布了《教育者的教育程度、专业能力、专业行为标准》，对教师提出了八大要求：关注学生，一切以学生利益为本；为学生树立道德和诚实正直的模范；理解和应用学生成长和发展的知识；重视父母/监护人、家庭和社区对于学校教育的参与和支持；教师实施有效的课堂管理、计划、指导、评估、评价，撰写有效的报告；对所教学科领域有扎实的知识基础和深入的理解；教师是一个终身学习的职业；有职业奉献精神。这八条要求涉及中小学教师需要具备的专业知识、能力及信念。

2019年，不列颠哥伦比亚省教师委员会和独立学校教学证书标准委员会制定了《不列颠哥伦比亚省教育者专业标准》，其具体的标准分为九条：教师要重视所有学生的成功，关心学生，为学生的最大利益服务；教师要遵守道德规范，保持职业操守、信誉和声誉；教师要能够理解并应用关于学生成长和发展的知识；教师要重视父母/监护人、家庭和社区在学校活动中的参与和支持；教师要实施有效的课堂管理、计划、指导、评估、评价，撰写有效的报告，为学生的学习和发展创造相互尊重和包容性的环境；教师要对所教学科领域有扎实的知识基础和深入的理解；教师要参加专业学习；教师要有职业奉献精神；教师要尊重和重视加拿大各民族的历史及其对现在、未来的影响。

新的标准更加强调教师的专业化发展，注重教师的教学理论及教学实践能力的发展，强调教师的专业素养培养；强化教师的贡献意识；关注学生的学业，培养学生独立分析问题的能力，特别是对历史、对世界的理解能力，鼓励教师创设不同的教学情景，促进学生的学习效率的提升；培养学生的判断能力与评判精神，使其能在理解、尊重他人的基础上提出自己的见解。

⑥质量管理。教师教育的高质量发展需要建立内部监督及评价机制，还应当制定持续的质量改革计划及措施，这样才能实现高质量教师的培养目标。质量管理在很多国家的教师教育质量评估中都是重点内容，如英国在其颁布的《学科评估标准》中，将质量管理及改进作为教师教育评价的重要内容；美国、加拿大、澳大利亚等国家的教师教育机构也将质量管理放在体系构建中的重要位置，其质量管理的内容包括建立完整的质量评价系统、进行常态化的数据收集与评价、监控教师教育的运作模式等，这样教师教育内部的质量管理机制得以建立，从而能更好地推动教师教育质量的提升。

⑦教育实践。教师教育所培养出的教师的实践能力直接影响着未来中小学学生的实践能力，因此各国在研究师范生相关的专业理论的同时，也在加强师范生实践能力方面的培养。

2008年，美国教师教育认证委员会颁布了《教师教育机构标准》，对师范生的教育实践作出了规定：教师教育专业与中小学校合作；制定并实施教育实践方案，确保实践活动的可行性；评估学生实践能力，促进其快速发展。

其他国家也颁布了师范生教学实践的相关标准，如加拿大在实践方面的规定包括运用恰当的教学评价、设计教学，满足不同学生的学习需求，并促进学生兴趣的养成。澳大利亚要求教师教育课程中需要有一定时间的教学实践，促使学生从中获得专业的实践经验。英国非常重视教师教育的实践，强调建立中小学基地学校，方便师范生在教学中获得经验。

2.从实践经验出发

主要以师范生自身发展过程中的各种需求为出发点，对课程质量、教学方法、学习方式等方面进行综合分析，在分析之前以问题为导向，客观分析教师教育专业的发展现状，通过对具体问题的研究，倒推教师教育质量评价体系的构建。

3.从政策导向出发

（1）卓越教师的培养。为贯彻《中共中央 国务院关于全面深化新时代教师队伍建设改革的意见》决策部署，落实《教育部等5部门关于印发〈教师教育振兴行动计划〉(2018—2022年)的通知》(教师〔2018〕2号)工作要求，根据《教育部关于加快建设高水平本科教育 全面提高人才培养能力的意见》，2018年，教育部颁布了《教育部关于实施卓越教师培养计划2.0的意见》。

①卓越教师培养的思路与目标。卓越教师培养的思路要围绕全面推进教育现代化的时代新要求，立足全面落实立德树人根本任务的时代新使命，坚定办学方向，坚持服务需求，创新机制模式，深化协同育人，贯通职前职后，建设一流师范院校和一流师范专业，全面引领教师教育改革发展。通过实施卓越教师培养，在师范院校办学特色上发挥排头兵作用，在师范专业培养能力提升上发挥领头雁作用，在师范人才培养上发挥风向标作用，培养造就一批教育情怀深厚、专业基础扎实、勇于创新教学、善于综合育人和具有终身学习发展能力的高素质专业化创新型中小学（含幼儿园、中等职业学校、特殊教育学校，下同）教师。

卓越教师培养的目标是经过五年左右的努力，办好一批高水平、有特色的教师教育院校和师范专业，师德教育的针对性和实效性显著增强，课程体系和教学内容显著更新，以师范生为中心的教育教学新形态基本形成，实践教学质量显著提高，协同培养机制基本健全，教师教育师资队伍明显优化，教师教育质量文化基本建立。到2035年，师范生的综合素质、专业化水平和创新能力显著提升，为培养造就数以百万计的骨干教师、数以十万计的卓越教师、数以万计的教育家型教师奠定坚实基础。

②卓越教师改革内容及具体举措。卓越教师的改革涵盖师德养成、培养模式、信息技术、实践教学、协同培养、师资队伍、国际交流、质量保障八个方面，具体如表2-1所示。

表2-1 卓越教育改革内容及具体举措

改革内容	具体措施
师德养成	1. 加强师范特色校园、学院文化建设。 2. 通过实施导师制、书院制等形式,建立师生学习、生活和成长共同体,充分发挥导师在学生品德提升、学业进步和人生规划方面的作用。 3. 通过开展实习支教、邀请名师名校长与师范生对话交流等形式,切实培养师范生的职业认同和社会责任感。 4. 通过组织经典诵读、开设专门课程、组织专题讲座等形式,推动师范生汲取中华优秀传统文化精髓,传承中华师道,涵养教育情怀,做到知行合一
培养模式	1. 适应五类教育发展需求,分类推进卓越中学、小学、幼儿园、中等职业学校和特殊教育学校教师培养改革。 2. 面向培养专业突出、底蕴深厚的卓越中学教师,重点探索本科和教育硕士研究生阶段整体设计、分段考核、有机衔接的培养模式,积极支持高水平综合大学参与。 3. 面向培养素养全面、专长发展的卓越小学教师,重点探索借鉴国际小学全科教师培养经验、继承我国养成教育传统的培养模式。 4. 面向培养幼儿为本、擅长保教的卓越幼儿园教师,重点探索幼儿园教师融合培养模式,积极开展初中毕业起点五年制专科层次幼儿园教师培养。 5. 面向培养理实一体、德业双修的卓越中职教师,重点探索校企合作"双师型"教师培养模式,主动对接战略性新兴产业发展需要,开展教育硕士(职业技术教育领域)研究生培养工作。 6. 面向培养富有爱心、具有复合型知识技能的卓越特教教师,重点探索师范院校特殊教育知识技能与学科教育教学融合培养、师范院校与医学院校联合培养模式
信息技术	1. 推动人工智能、智慧学习环境等新技术与教师教育课程全方位融合。 2. 及时吸收基础教育、职业教育改革发展最新成果,开设模块化的教师教育课程,精选中小学教育教学和教师培训优秀案例,建立短小实用的微视频和结构化、能够进行深度分析的课例库。 3. 建设200门国家教师教育精品在线开放课程,推广翻转课堂、混合式教学等新型教学模式,形成线上教学与线下教学有机结合、深度融通的自主、合作、探究学习模式。 4. 创新在线学习学分管理、学籍管理、学业成绩评价等制度,大力支持名师名课等优质资源共享。 5. 利用大数据、云计算等技术,对课程教学实施情况进行监测,有效诊断评价师范生学习状况和教学质量
实践教学	1. 设置数量充足、内容丰富的实践课程,建立健全贯穿培养全程的实践教学体系,确保实践教学前后衔接、阶梯递进,实践教学与理论教学有机结合、相互促进。 2. 全面落实高校教师与优秀中小学教师共同指导教育实践的"双导师制",为师范生提供全方位、及时有效的实践指导。 3. 推进师范专业教学实验室、师范生教育教学技能实训教室和师范生自主研训与考核数字化平台建设,强化师范生教学基本功和教学技能训练与考核。 4. 建设教育实践管理信息系统平台,推进教育实践全过程管理,做到实习前有明确要求、实习中有监督指导、实习后有考核评价。 5. 遴选建设一批优质教育实践和企业实践基地,在师范生教育实践和专业实践、教师教育师资兼职任教等方面建立合作共赢长效机制

续　表

改革内容	具体措施
协同培养	1. 支持建设一批省级政府统筹，高等学校与中小学协同开展培养培训、职前与职后相互衔接的教师教育改革实验区，着力推进培养规模结构、培养目标、课程设置、资源建设、教学团队、实践基地、职后培训、质量评价、管理机制等全流程协同育人。 2. 鼓励支持高校之间交流合作，通过交换培养、教师互聘、课程互选、同步课堂、学分互认等方式，使师范生能够共享优质教育资源。 3. 积极推动医教联合培养特教教师，高校与行业企业、中等职业学校联合培养中职教师。 4. 大力支持高校开展教师教育管理体制改革，构建教师培养校内协同机制和协同文化，鼓励有条件的高校依托现有资源组建实体化的教师教育学院，加强办公空间与场所、设施与设备、人员与信息等资源的优化与整合，聚力教师教育资源，彰显教师教育文化，促进教师培养、培训、研究和服务一体化
师资队伍	1. 推动高校配足配优符合卓越教师培养需要的教师教育师资队伍，在岗位聘用、绩效工资分配等方面，对学科课程与教学论教师实行倾斜政策。 2. 加大学科课程与教学论博士生培养力度和教师教育师资国内访学支持力度，通过组织集中培训、校本教研、见习观摩等，提高教师教育师资的专业化水平。 3. 加强教师教育学科建设，指导高校建立符合教师教育特点的教师考核评价机制，引导和推动教师教育师资特别是学科课程与教学论教师开展基础教育、职业教育研究。 4. 通过共建中小学名师名校长工作室、特级教师流动站、企业导师人才库等，建设一支长期稳定、深度参与教师培养的兼职教师教育师资队伍。 5. 指导推动各地开展高等学校与中小学师资互聘，建立健全高校与中小学等双向交流长效机制
国际交流	1. 加强与境外高水平院校的交流与合作，共享优质教师教育资源，积极推进双方联合培养、学生互换、课程互选、学分互认。 2. 提高师范生赴境外观摩学习比例，采取赴境外高校交流、赴境外中小学见习实习等多种形式，拓展师范生国际视野。 3. 积极参与国际教师教育创新研究，加大教师教育师资国外访学支持力度，学习借鉴国际先进教育理念经验，扩大中国教育的国际影响
质量保障	1. 落实《普通高等学校师范类专业认证实施办法》，构建中国特色、世界水平的教师教育质量监测认证体系，分级分类开展师范类专业认证，全面保障、持续提升师范类专业人才培养质量。 2. 推动高校充分利用信息技术等多种手段，建立完善基于证据的教师培养质量全程监控与持续改进机制和师范毕业生持续跟踪反馈机制以及中小学、教育行政部门等利益相关方参与的多元社会评价机制，定期对校内外的评价结果进行综合分析并应用于教学，推动师范生培养质量的持续改进和提高，形成追求卓越的质量文化

卓越教师培养计划对我国未来教师教育的发展有着重要的意义。实施卓越教师培养计划是满足与教师教育专业密切相关的社会、高校、师范生

等利益主体的需求的前提，也是教师教育专业自身发展的客观要求，卓越教师培养计划是教师教育专业质量评估以及构建评估指标体系的重要依据。

（2）教师教育课程标准。国家以及地方的教师教育专业标准、教师教育课程标准所反映的是一定时期内对教师应当具备的相关素质的要求，因此开展教师教育评价时，应当按照教育部颁布的相关规划、标准进行评价，以建立起科学的评价指标体系。

一般来说，教育评价模式与本国的政治体系、教育管理模式相适应，是根据高等教育的客观规律制定的，同时也体现出了国家、社会对高等教育的要求。对于地方本科高校来说，各学校办学的目标、层次等方面存在差异，因此不能简单地用一个指标体系来评价不同的专业。教师教育专业质量评价主要评价的是教师教育专业教学效能，需要具备相应的专业标准，在具体的评价过程中，教师教育标准需要细化为相应的评价指标，对教师专业的招生、运行过程、过程管理及行业的满意度等方面进行综合评价。

2011年教育部颁布了《教师教育课程标准（试行）》，对幼儿园职前教育、小学职前教育、中学职前教育这三个层次都分别提出了相关的教师教育课程标准。三个部分的课程标准分为课程目标、课程设置两个部分。《教师教育课程标准（试行）》对高等教师教育专业设置的课程目标进行了规定，指出"了解""理解""熟悉""掌握"四个层次的课程目标，其中，"了解""理解"是对情感、态度与价值观的体现；"熟悉"主要指的是熟悉所教学科的教学内容、教学方法，运用相关课程资源的能力；"掌握"指的对教师知识及技能的要求，包括语言技能、沟通技能、合作技能、教育技术技能等。

除了明确课程目标外，教育部还明确了教师教育类课程体系的设置，包括课程领域、课程模块、学时、学分等内容。地方本科高校需要按照课程标准进行相应的课程设置，以推进师范生的综合能力的培养。

（3）教师教育专业标准。除了教师教育课程标准之外，教师教育的专业标准也是衡量教师教育评价体系的重要标准。我国的教师教育专业标准的建立是在20世纪90年代，国家教育委员会于1996年颁布了《关于师范教育改革和发展的若干意见》，其中指出，要"健全和完善以独立设置的各级各类师范院校为主体，非师范类院校共同参与，培养与培训相沟通的师范教育体系"。

之后国家又先后颁布了《教育部关于印发〈幼儿园教师专业标准（试行）〉、〈小学教师专业标准（试行）〉和〈中学教师专业标准（试行）〉的通知》《教育部国家发展改革委财政部关于深化教师教育改革的意见》，明确了构建教师教育专业标准的改革方向及目标。所规定的关于中学、小学、幼儿园的教师教育专业标准不仅是在职教师专业标准，还是培养师范生的基本目标，是评价教师教育专业质量的标准。地方本科院校教师教育专业培养的人才需要遵守教师教育专业标准，只有这样，才能更好地建设基础教育，更好地为社会主义现代化建设作贡献。

三、地方本科高校教师教育评价体系的构建

地方本科高校教师教育评价体系由多个评价指标组成，指标是组成评价内容的重要元素，需要根据一定的评价目标进行确认，从而反映所评价的对象的某些方面的具体特征。评价指标是教师教育评价的重要元素，也是评价目标局部的某个特征，可以使得评价目标更加清晰与具体，便于测量。

通过分析各评价指标得出评价对象的总体特征，再通过分析评价目的、评价准则、评估标准等内容来确定地方本科高校教师教育评价体系的内容。

（一）地方本科高校教师教育评价体系的指标框架

1. 要素框架

构建地方本科高校教师教育评价体系的指标框架分为三个要素：

（1）专业管理常规工作。主要包括管理制度、教师队伍、教学条件、质量管理措施等内容，以国家颁布的政策法规及教师教育发展规律为依据。

（2）教育教学工作。教育教学工作主要围绕课堂教学展开评价工作，是对培养目标、课程教学大纲、专业教学计划、教学方法、教学改革、考评方式等方面的评价。

（3）专业教学质量。专业教学质量主要考察的是师范生的思想、素质、就业率、专业能力、用人单位满意度、社会评价等内容。

2. 地方本科高校教师教育质量评价的三级指标框架

地方本科高校的三级指标框架如表2-2所示。

表2-2 地方本科高校的三级指标框架

三级指标	主 题	评价内容	具体内容
第一层	评价子系统	三个子系统	包括专业管理常规工作、教育教学工作、专业教学质量
第二层	评价主题层	i个一级评价指标	反映了三个子系统的内涵及关联性
第三层	评价观测点	i个二级评价指标	反映了三个子系统的总体的情况，并将其具体化

(二) 地方本科高校教师教育质量评价的基本原则

1. 科学性原则

科学性原则指的是所评价的指标定义明确，所使用的计算方式规范，所参考的标准明确，通过评价能为地方本科高校教师教育质量的评价提供真实、可靠、科学的数据。坚持科学性原则指在设计过程中不仅要从地方本科高校的教师教育专业的现状出发，还要具有一定的前瞻性，对教师教育未来的发展起到引导的作用。

2. 开放性原则

开放性原则指的是评价体系在构建过程中具有灵活性，主要表现为在构建过程中，评价体系会随着地方本科高校的教师教育专业发展状况的变化而发生变化，而不断调整内容、标准及权重。

3. 系统性原则

系统性原则指的是并非对单一的要素开展评价，而是要兼顾整体。

首先，在地方本科高校教师教育专业的评价过程中，要从宏观上把握整个指标评价体系之中的要素，也要关注相关要素之间的逻辑关系。另外，需要整体把握各个子目标以及观测点的权重，有针对性、有侧重地进行评价。

其次，地方本科高校教师教育专业的评价指标需要全面地、系统地反映地方本科高校教师教育专业质量，要兼顾绩效指标、资源指标以及过程指标（图2-6）。

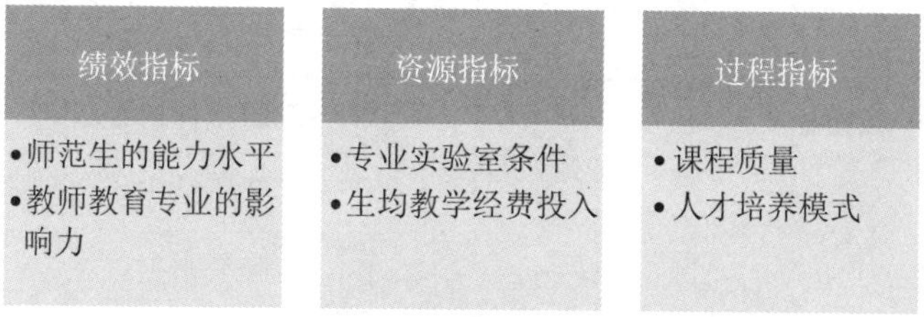

第二章 地方本科高校高质量教师教育建设的理论基础

绩效指标
- 师范生的能力水平
- 教师教育专业的影响力

资源指标
- 专业实验室条件
- 生均教学经费投入

过程指标
- 课程质量
- 人才培养模式

图 2-6 绩效指标、资源指标、过程指标的组成

最后，不同层级、不同子目标、不同观测点之间既相互独立，又相互联系。因此，在地方本科高校教师教育专业质量评价过程中，要兼顾整体性，对指标进行整体的评价。

（三）地方本科高校教师教育专业质量评价体系的设计

1. 整体设计

地方本科高校教师教育质量评价以办学过程、教育教学内容为主线，以国家的专业标准、教师教育相关政策和制度及教师教育发展规律为判断标准，以现代教育评价理论、多元化质量观、全面质量管理理论等为理论指导，对地方本科高校教师教育质量评价进行整体设计。

2. 一级、二级指标设计

一级指标设计从教师教育相关利益者的利益出发，关注当前的教师教育专业需要解决的质量问题。一级指标设计从政策上需要依据"卓越教师计划"、国家教师专业标准、国家教师教育课程标准等内容，选择相应的评价指标。对此，地方本科高校教师教育专业质量认证共选取七个一级指标。

二级指标设计是在一级指标设计的基础上进行的，一级评价指标包含着若干个二级指标（表 2-3）。

表 2-3 一级、二级指标设计内容

一级指标	二级指标内容
专业建设目标规划与培养方案	专业建设目标与规划
	人才培养方案

061

续　表

一级指标	二级指标内容
师资队伍	队伍结构
	师德水平
	教师发展
	高级教师上课情况
	教学科研水平
教学条件与利用	教学设施建设
	教学经费投入
	办公条件
教学改革与管理	实践教学
	教材建设
	课程体系改革与教学内容
	教学管理与教学质量
	教学方式和教学手段改革
人才培养质量	师范生实践能力
	师范生教学能力
	基础理论与综合素质
	学生服务
	学风建设
校内外评价	师生评价
	就业质量
	社会评价
	示范辐射作用
特色项目	特色项目

3.观测点内容设计

二级指标进一步具体化就是观测点的内容，是评价专家对二级指标开展评价的出发点。评价过程中，通常根据地方本科高校教师教育专业发展的现状，结合国家对教师教育专业人才的要求进行评价。一般来说，观测点内容的评价等级分为"优秀""良好""合格""不合格"四个，25个二级指标又对应着49个观测点内容。

专业建设目标与规划：专业建设目标的合理性、科学性；专业建设发展规划的合理性、科学性。

人才培养方案：人才培养方案的合理性、科学性、创新性。

队伍结构：专业带头人影响力、专任教师中40岁以下青年教师具有硕士（含）以上学位的比例、教师队伍结构。

师德水平：履行教师岗位职责情况，遵守学术道德规范情况。

教师发展：专业师资队伍建设、教师专业成长与发展、教学研究室建设。

高级教师上课情况：教授、副教授上专业必修课的情况；55岁以下教授、副教授给本科生上课的情况。

教学科研水平：教师教学效果、教学科研获奖情况、教师参加教学或科研课题情况。

教学设施建设：微格教室和图书资料情况、教育实践实训基地情况。

教学经费投入：教师教育专业建设经费投入情况。

办公条件：各类办公用房、办公设施情况。

实践教学：教育实践计划、毕业论文（设计）质量。

教材建设：核心课教材使用情况、新教材使用情况、近五年教材建设情况。

课程体系改革与教学内容：课程体系、课程内容、教师教育类课程情况、课程建设。

教学管理与教学质量：教学质量管理制度、基础教育调研情况、教学制度执行情况。

教学方式和教学手段改革：教学方法改革、现代化教学手段运用情况、考核方式。

师范生实践能力：近三年学生科研情况、获奖情况。

师范生教学能力：师范生从教基本功、综合水平。

基础理论与综合素质：学生思想道德素养和文化素质水平，大学外语、计算机等级通过率。

学生服务：学生学习、心理等服务情况。

学风建设：学风建设活动质量、考风考纪情况。

师生评价：教师、学生对教学工作及教学效果满意情况。

就业质量：学生初次就业率、应届毕业生考研录取率。

社会评价：毕业生对本专业教育教学工作认可程度。

示范辐射作用：专业建设成果示范辐射作用。

特色项目：教师教育模式、课程体系、人才特点、教学方式方法。

第三章　师范类专业认证背景下地方本科高校的教师教育质量保障体系构建

在师范类专业认证背景下，地方本科高校应当围绕法制、经费及教育质量评估，结合地方本科高校的发展现状和现有资源，积极构建符合时代发展要求的教师教育质量保障体系。

第一节　地方本科高校构建教师教育质量保障体系的必要性

一、地方本科高校构建教师教育质量保障体系的大背景

（一）高等教育大众化背景下教育质量需要进一步提升

质量上的保障有利于提高高等教育的质量，因此受到了世界各国广泛的关注，欧洲对高等教育质量保障的关注可以追溯到20世纪80年代。

我国的高等教育于20世纪90年代末开始实施扩招，迈向高等教育大众化阶段，实现了跨越式发展。从教育部发布的数据看，从1999年到2020年，高校在校人数由原来的718.91万人增长至3 285.29万人，全国高等教育学校的数量也从1 942所增加到2020年的2 738所（含本科院校、高职院校以及其他普通高等教育机构），实现了高等教育规模上的稳

定增长。

为了推动教学质量的发展，引导规范教学，建设高等教育质量保障体系，教育部出台了一系列相关的文件：

（1）2001年，教育部印发了《关于加强高等学校本科教学工作提高教学质量的若干意见》，对本科高校提出了十二条具有针对性的要求，确保教学的规范运行。

（2）2005年教育部发布了《关于进一步加强高等学校本科教学工作的若干意见》，将高校的教学质量放在重要的位置上。

（3）2007年，教育部、财政部印发了《教育部 财政部关于实施高等学校本科教学质量与教学改革工程的意见》。这是一份关于质量工程的文件，旨在推动本科高校的教育质量的发展。

（4）2011年，教育部、财政部发布了《关于"十二五"期间实施"高等学校本科教学质量与教学改革工程"的意见》，提出进一步深化本科教育教学改革，提高本科教学质量，大力提升人才培养水平。

（5）2012年，教育部印发了《关于全面提高高等教育质量的若干意见》，其中包括坚持内涵式发展、促进高校办出特色、完善人才培养质量标准体系、优化学科专业和人才培养结构、创新人才培养模式以及巩固本科教学基础地位等内容。

（6）2012年，《国家教育事业发展第十二个五年规划》发布，要求"十二五"期间要建立并不断完善国家教育标准体系，完善教育质量保障机制。

（7）2017年，国务院印发了《国家教育事业发展"十三五"规划》，其中明确要求完善教育质量标准、评价体系以及质量监测制度，以建立健全质量保障体系，推动教育的现代化发展。

（8）2018年，教育部发布了《关于加快建设高水平本科教育全面提高人才培养能力的意见》，其中提到加强大学质量文化建设，完善质量评价保障体系，强化高校质量保障主体意识，强化质量督导评估。该文件对高等学校教育教学质量提出了更高的要求，同时为人才的培养提供了保障。

（9）2018年，教育部等五部门印发了《教师教育振兴行动计划（2018—2022年）》，明确提出了要构建教师教育质量保障体系。

（10）2019年，教育部印发了《关于深化本科教育教学改革全面提高人才培养质量的意见》，围绕严格教育教学管理提出要着力提高教育教学质量，涉及全面提高课程建设质量、推动高水平教材编写使用、改进实习运行机制、深化创新创业教育改革、加强学生管理和服务等方面。

从以上政策来看，保证高等教育教学质量的提升是提升本科教育质量的重点。而教师教育专业作为高等教育的有机组成部分，其教学质量的建设需要得到重视，且教师教育质量保障体系的构建能从师资上支持高等教育教学的发展，对高等教育的发展有着积极的作用。

（二）师范类专业认证标准需要相关的质量保障体系的支撑

我国基础教育的教师主要是由教师教育所培养，教师教育为我国的教育事业作出了重要的贡献。随着时代的发展及基础教育的发展，教师教育也从追求规模转变为追求质量、追求教师教育自身的内涵建设。

师范类专业认证是我国高等教育质量体系的重要组成部分，是当前教师队伍建设的重要参考标准，同时也是高等院校办好教师教育的内在需求，能促进教师教育的创新发展。师范类专业认证还涉及专业建设的指导思想、基本理念、课程标准、教学标准、教学管理、制度保障、教学改革等方面，这些都对教师教育专业构建与发展有着积极的作用。

2017年，教育部印发了《普通高等学校师范类专业认证实施办法（暂行）》，其中规定了关于师范类专业认证的质量保障。由此可见，开展师范类专业认证需要质量保障体系的支撑，保障体系能够促进师范类专业认证进一步完善，进而促进地方本科高校教师教育的高质量发展。

随着国家及地方对师范类专业认证工作的推进，地方本科高校设置的教师教育专业开始进行广泛的专业质量认证，地方本科高校的质量保障体系建设将直接影响认证的结果，因此探索地方本科高校教师教育质量保障体系的建设对师范类专业认证工作具有推动作用。

二、地方本科高校构建教师教育质量保障体系的积极意义

（一）强化教师教育专业的质量意识

教师教育专业质量保障体系的建立是高等学校教师教育发展的必然要求，也是建立学校质量保障体系的重要组成部分。

2018年，教育部颁布了《关于加快建设高水平本科教育全面提高人才培养能力的意见》，之后《教师教育振兴行动计划（2018—2022年）》《关于深化本科教育教学改革全面提高人才培养质量的意见》等文件相继出台，这些文件有效引导了我国地方本科高校教师教育质量保障体系的发展，对于地方本科高校增强教师教育专业的质量意识有着重要的意义，也进一步保障了教师教育各个环节的质量。

（二）建设教师教育专业质量文化

所谓质量文化，指的是企业在生产经营活动中所形成的质量意识、质量精神、质量行为、质量形象、质量价值观以及所提供的产品或服务质量等的总和。高校教学质量文化能影响教学参与主体的行为，并起着行为规范及制约的意义，进而能促进高校提升教学质量，优化教学环境，促进教学制度优化、教学标准及教学形象的提升。

地方本科高校构建教师教育质量保障体系，从保障体系、外部评价、内部监控、持续改进四个方面切入。

（三）助力地方本科高校教师教育专业认证的开展

当前，地方本科高校的教师教育专业发展的重点就是专业认证，如何建立质量保障体系是地方本科高校教师教育专业面临的主要问题。由于教师教育专业认证工作尚处于探索阶段，质量保障体系尚需要进一步优化与完善，且地方本科高校教师教育专业质量体系建设可以助力地方本科高校教师教育专业认证的开展。

（四）提升教师教育专业人才的质量

人才的培养要严格把控质量，只有这样才能培养出高素质、高质量的人才。当前师范类专业认证应坚持"以评促建、以评促改、以评促强"，坚持以"学生中心、产出导向、持续改进"为基本理念，以全面保障和提升师范类专业人才培养质量为指导思想。

当前，高等教育正处在内涵发展的阶段，要注重高质量发展。地方本科高校构建教师教育质量保障体系，能有效保障人才的质量，进一步提升教师教育专业人才的质量。

第二节　师范类专业认证背景下地方本科高校教师教育质量保障体系的构成要素

地方本科高校教师教育需要政府、教师培训机构、地方本科高校共同参与，三方必须通力合作，这样才能推进地方本科高校教师教育工作向前发展。因此，可以将保障体系的相关要素概括为法制保障系统、经费保障系统、教育质量评估系统、教育质量管理系统以及教育质量保障系统，五个子系统在教师教育质量保障体系中所处的层面是不同的。我国地方本科高校教师教育的发展方向和其他国家的教师教育发展方向一致，都是朝着校本化的方向发展，也就是说，要促进地方本科高校教师教育质量保障体系的建设，就需要地方本科高校发挥本身的力量，结合现有的资源进行构建，这是历史发展的必然趋势。因此，地方本科高校教师教育质量保障工作的立足点在于高校本身。健全的地方本科高校教师教育外部质量保障体系是整个保障体系的支柱。在目前形势下，外部质量保障体系对地方本科高校教师教育质量的提升起着重要的作用。

一、法制保障

我们认为，地方本科高校教师教育法制保障系统的构成有如下四个相互联系的过程。

（一）加强教师教育的立法工作，加快教师教育制度建设

立法对于教师教育来说，是由国家立法机关按照立法权限和程序，制定有关教师教育的规范性文件的活动。立法机关应尽快出台教师教育法相关法律法规，就教师教育的主体、权利和义务、学习类型以及设备、条件保障等作出法律上的规定，并以国家意志强制实行。在这类法律法规的指导下，有关教育行政部门在制定教师教育的实施细则时，就可以真正做到

有法可依、有法必依。同时，还要加快教师教育制度建设，保障教师教育相关利益者的合法权益，培养出更多优秀的社会主义建设人才。

（二）立法的同时各部门还要加强法律意识

各地政府、各教育行政部门、各教育培训机构、地方本科高校等应当加强法律意识。另外，地方本科高校教师教育者也应当参与进来，加强教师教育法治建设。提高认识，规范自身教育行为。

（三）尽快开展地方本科高校教师教育的司法工作

教师教育司法工作即司法机关对教师教育执法中发生的争议进行审理和裁决。司法工作的主要作用表现为保证国家、地方政府和教育行政部门、地方本科高校与教师的继续教育权益不受侵犯。由于诸方面的原因，我国地方本科高校教师教育司法工作较不完善。有关部门应该未雨绸缪，切实做好相关的准备工作。

（四）加强地方本科高校教师教育的法制监督工作，形成地方本科高校教师教育法制监督管理系统

地方本科高校教师教育法制监督是指政府、教育行政部门、社会团体和人民群众，依据有关法规，对教师教育活动是否合法有效而进行的检查督促和纠举行为。应将地方本科高校教师教育专业教育督导工作列入教育督导工作范畴，制定督导制度，并设立地方本科高校教师教育专职或兼职督导员。还应充分发挥社会团体监督和群众监督的作用，以形成完整严密的地方本科高校教师教育工作监督体系。

二、教育质量评估

地方本科高校教师教育质量评估是根据教师教育的目标和要求，运用科学的方法，通过系统的信息收集，对地方本科高校教师教育质量进行价值判断的过程。由于评估具有鉴定、诊断、激励、调节等重要功能，在整个质量保障体系中具有举足轻重的作用。尤其重要的是，评估能够使主、客体双方实现有效的信息沟通。这些对整个质量保障体系的正常运行，会起到不可替代的作用。一个科学合理的地方本科高校教师教育质量评估系

统至少应该包括两个层面：一是政府（教育行政部门）对地方本科高校的办学质量评估与资格认定，以规范其教育活动；二是地方本科高校对每一次教育活动的质量评估。

政府（教育行政部门）对培训机构的评估应包括下列指标：

（1）教师教育行政管理的评估。包括学校领导班子、办学思想、组织机构以及制度建设等方面。

（2）教师教育教学管理的评估。包括教学管理的目标、教学管理的队伍、教学管理过程、课堂教学质量等方面。

（3）师资队伍建设情况。是否有一支思想过硬、教学能力过关、科研能力较强的专兼职结合的教师队伍。

另外，还应对地方本科高校的教学设备是否齐全、教材建设是否科学、图书资料是否齐备、经费投入是否有一定保证等进行评估。在办学质量评估与资格认定的要求下，地方本科高校只有大力提高自己的教师教育质量，才能立于不败之地。

第三节　地方本科高校教师教育质量保障体系发展状况——以湖南某高校为例

本节以湖南某高校的教师教育专业建设情况及汉语言文学（师范）专业为例，来阐述地方本科高校教师教育质量保障体系的发展状况。教师教育专业建设的数据来源于高等教育质量监测国家数据平台，财务和科研数据的统计时点为2017年自然年（2017年1月1日至12月31日），教学等其他数据统计时点为2017—2018学年（2017年9月1日至2018年8月31日）。

一、学校教师教育专业建设情况

（一）该高校的教师教育专业建设基本概况

该高校作为新建本科，是省级教育部门举办、省市（自治区）教育厅（委）主办的综合院校，自2002年开办本科教育，最早于1997年开设本科师范类专业。

1. 学校师范类专业数量及占比

学校教学科研单位共有50个，其中开设师范类专业的教学单位有11个，占比22%；学校师范类专业14个，占专业总数的比例为26.32%。

2. 学校师范生数量及占比

学校在校本科生16 027人，其中师范生5 855人，占比36.53%；2018年专业招生人数4 095人，其中本科师范类专业招生人数1 482人（不含专业大类招生），占比36.19%；应届毕业生人数3 900人，其中本科师范类专业毕业生人数1 374人，占比35.23%。

3. 学校师范类专业教师数量及占比

学校师范类专业教师376人，占学校专业教师总数的比例为31.46%；师范类专业中专任教师420人，占学校专任教师总数的比例为50.54%；师范类专业中外聘教师16人，占学校外聘教师总数的比例为7.55%。

（二）该高校的教师教育专业建设的现状

该高校的教师教育专业建设存在以下几个方面的短板：

（1）部分专业实习生数与教育实践基地数比例未达到认证的标准。

（2）某些专业的生师比不达标。

（3）各专业兼职教师没有安排课程，兼职教师占教师教育课程教师比例不达标。

（4）部分专业教育实践时间不足规定时间（18周）。

（5）部分专业具有高级职称教师比例没有达到全校平均水平。

二、该高校的教师教育专业建设情况——以汉语言文学专业为例

（一）专业定位

汉语言文学（师范）专业注重培养德智体美劳全面发展，具有较高的思想道德素质、人文素质、业务素质和身心素质，掌握汉语言文学师范专业基本理论、基本知识和基本技能，具有较强的创新精神、实践能力、社会适应能力，能胜任中学、企事业单位、基层党政机关等领域的教学、管理、文秘等工作的应用型人才。

（二）专业建设目标

坚持科学的专业发展观，以师资队伍建设为关键，以课程建设为核心，以改革人才培养模式为重点，以教学带科研，以科研促教学，积极推动汉语言文学（师范）专业不断发展，使之成为省内同类专业中具有较大影响力的示范专业。

（三）专业基本情况

1. 专业培养目标

培养适应时代发展与社会需求，德智体美劳全面发展，具有高尚师德与教育情怀、扎实的汉语言文学专业素养，具备较强文学审美能力、语言表达能力、写作能力及创新意识，富有开拓创新精神与终身学习能力，能胜任初中语文教学和教育管理等工作的骨干教师。

2. 专业办学成效

（1）实践创新能力较强。2020届、2021届毕业生教资获得率稳步上升，远超平均水平。近三年，在"互联网+"大学生创新创业大赛中获得奖项；在教育厅组织的写作竞赛、教学技能比赛等学科赛事中获得奖项；等等。

（2）教学改革成果丰硕。汉语言文学（师范）专业被列为校级综合改革试点专业，获省级教学成果奖；现代汉语、古代汉语、中国现当代文学为省级一流课程；教师参编了国家规划教材。

（3）形成开放办学格局。2016年起承接"一带一路"沿线国家语言留

学生培养项目，俄罗斯、美国等13个国家的留学生学习汉语言文学专业；学校还派遣在校学生赴马来西亚等国交换学习，部分学生参加了国家汉办志愿者项目；学校汉语言文学专业还多次承担了相关的国培、省培、市培项目。

（4）学科支撑专业发展。中国现当代文学为省级重点建设学科，中国语言文学为校级应用特色重点建设学科。近年国家社科项目、部级项目、省社科项目等项目众多，并出版专著多部，发表CSSCI期刊论文多篇。

（5）专业社会声誉良好。毕业生升学率一直保持着上升势头；毕业生就业岗位与专业契合度高，90%以上毕业生从事教师职业，55%以上扎根基层服务乡村基础教育，培养了大批卓越语文教师、党政领导干部等，涌现出以著名作家王跃文为代表的一大批优秀校友。

3.学科建设情况

汉语言文学专业依托中国古代文学、汉语言文字学、文艺学、外国文学以及中国现当代文学等学科开展学术研究，各学科都有独特的研究方向，并取得了一定的成就（表3-1）。

表3-1 汉语言文学专业学科建设情况

学科名称	研究方向	学科影响
中国古代文学	中国古代诗文研究方向	"十五""十一五"重点学科，"十二五"重点建设学科，所承担的"中国古代文学"课程为校级精品课程，以本学科成员为主体的"中国文学课程创新教学团队"为校级教学团队
	中国古代小说、戏曲研究方向	
	沅水流域文学与文化研究方向	
汉语言文字学	汉语音韵与方言研究方向	初步形成了汉语音韵与方言，汉语词汇、语法两个稳定的研究方向，在道教音韵、中国手语、汉语语法等研究领域取得了较为丰富的成果，形成了自己的特色，受到了省内外同行的关注
	汉语词汇、语法研究方向	

续　表

学科名称	研究方向	学科影响
文艺学	文艺理论、女性文化诗学研究方向	在中国近现代学术思想史、女性文学批评、日本文学研究等领域取得了较为丰硕的成果，形成了自己的研究特色，受到了省内外同行的关注
	中国文化诗学及中西诗学比较研究方向	
外国文学	欧美文学研究方向	已开设"外国文学""文学概论"基础课和"美学""文艺心理学""中国文学批评""比较文学""西方文论""西方现代文艺思潮""外国现代派文学"等专业选修课；下一步，拟增开设"东方文学""日本文学研究""苏联文学研究""欧美小说叙事艺术研究""欧美戏剧史"等专业选修课，并拟面向全院开设"外国文学名著赏析""世界文学与艺术"等公共选修课。在比较文学与世界文学这个方向，已经走在了省内外同类院校的前列
	中外文学比较研究方向	
	中西诗学比较研究方向	
中国现当代文学	战争文学与和平文化研究	校"十一五"重点学科、"十二五"重点建设学科、省级"十二五"重点建设学科
	中国文学与文化传播研究	
	湘西民族文学与文化研究	
	现当代文学现象研究	

三、该高校的教师教育保障体系构建——以汉语言文学专业为例

该校建设汉语言文学专业的过程中，围绕师资队伍建设、课程建设、教材建设、学术研究和教育教学研究、教学管理和保障系统建设、学生素质与能力培养、师范生教师职业技能训练与考核进行教师教育保障体系的构建。

（一）师资队伍建设

（1）选拔和培养高水平的学科带头人和学术骨干是专业建设的关键。应加大学科带头人和学术骨干的培养力度，争取早出成果，多出成果，并且要出高质量的成果。

（2）加大师资队伍建设的力度，改善教师队伍结构，形成学历、年龄、职称结构均合理的专业师资队伍。

一是继续引进高学历、高职称的人才。特别是古代文学和古代汉语方面，要继续引进高学历、高职称、科研能力强的教师。

二是加强中年骨干教师的培养。每年派出1~2名副教授及以上职称的教师到重点院校和科研机构做访问学者，进一步提升他们的教育、教学及科研能力和水平。

三是加速培养青年教师。采取脱产学习与在职提高相结合的方法，鼓励青年教师攻读更高的学位，尽快提高专业教师队伍中硕士、博士的比例，营造一个有利于青年教师健康成长的环境。

四是支持教师参加各类学术会议，加强学术交流。

五是充分利用现有的资源，采取老带新的方法，安排学有专长的中老年教师对青年教师进行指导，使青年教师打好基础，尽快走上学术研究的道路。

（3）构建文学课程创新教学团队。文学课程创新教学团队归属中国语言文学系，团队在课程内容上，主要研究各国文学发展的规律，通过对古代文学、现当代文学两门基础课程知识板块的重组、相应课程群的建设，创新中国文学核心课程体系；在教学理念上，强调由以往的知识本位向能力本位转化，突出学生专业基础能力和基本素质的培养；在教学方法上，强调课堂教学和课外辅导及实训相结合。

（二）课程建设

1.建立科学的课程体系

课程体系和教学内容改革是人才培养模式的主要落脚点，也是教学改革的重点和难点。应整合必修课、选修课，优化课程结构；在构建课程体系的过程中注重厚基础、宽口径，精心设计课程模块，使学生通过自由选课获得最佳的课程组合，充分发展学生的个性。还在增加方向必修课和选修课的比重，让兴趣培养和能力提升相得益彰。选修课的开设有助于各方更注重实践能力的培养，可增加粉笔字、钢笔字、毛笔字、普通话、朗诵、演讲、辩论、模拟课堂、应用文写作等实训课的比重。

2.定期修订教学大纲

教学大纲是课程教学的指导性文件，是课程建设重要的基础环节。每门课的教学大纲应在动态中不断完善、提高。教学大纲要定期修订，要充分体现师范特点和学科特点，充分吸纳科学研究的新成果，密切联系中学语文教学实际，突出素质能力的培养，完善课程体系。

3.调整、优化教学内容

要根据学生多元化的特点，紧紧围绕高师院校的培养目标，以教学大纲为依据，在基础课教学中注意各课程之间的联系，同时注意将前沿知识运用到教学中，结合教学实际，调整、优化教学内容。

4.更新教学方法和教学手段

要注重因材施教，在课堂中调动学生参与教学的主动性和积极性，营造愉悦的教学氛围，提高课堂教学质量。教师应使用现代化教学手段进行教学，要发挥现代化手段辅助教学的优势，激发学生学习兴趣，进一步提高教学质量。

5.改革考核方式方法

考核方式方法要有利于检查学生综合运用所学知识分析问题、解决问题的能力。要摒弃单纯的考核方式，采取平时考核和期末考核相结合、开卷考试与闭卷考试相结合、笔试与口试相结合、论文与答题相结合等多种形式；要注重多方面考核学生，引导学生从不同方面提升自己的专业能力和水平。

6.加强实践教学环节建设

要全面落实学校出台的《师范生教师职业技能训练与考核实施方案（试行）》，大力提高师范生的教师职业技能水平。

7.强化学生中学语文教学实践能力的培养

为提高学生中学语文教学实践能力，在培养过程中，要不断加大语文教学实践能力的培养力度，加强案例教学，强化教学实训，保证每个学生每学期都至少有两次登台实践的机会。通过自己讲、学生互评、教师逐个指导的方法，提高学生从事语文教学的综合能力。同时，应以理论知识够用为前提，整合现有教法课程，减少理论课程的课时量，增加实训课程，如中学语文片段教学训练、中学作文教学训练等，从而使课程的现实针对性更强、学生实训机会更多。

（三）教材建设

教材建设是课程建设的重要组成部分，要选择精品教材。要达到100%使用国家推荐的教材、21世纪的教材，同时积极编写富有特色的高质量的自编教材或学习指导书。

（四）学术研究和教育教学研究

要广泛、深入开展学术研究和教育教学研究。所有教师都要积极探索教育教学改革，包括教学内容、教学过程、教学方法、考试评价体系等方面的改革，通过扎实、艰苦的实践与研究，不断提升教育教学的质量和效果。

（五）教学管理和保障系统建设

1.常规教学管理

常规教学管理是对教学工作进行全方位、全过程管理的一套操作系统，是保障教学质量不断提高的有效机制。

加强教学管理和保障体系建设要充分发挥三个方面的作用：一是院领导班子的决策和表率作用；二是院教学指导委员会的作用；三是教研室的作用。

2.教学质量监控

教学检查是经常性、重要的教学管理活动。要坚持从以下三方面实施监控：首先坚持集体听评课制度，以教研室为单位组织集体听评课，互相学习，共同提高；其次坚持学生评教制度，通过召开不同类型的座谈会，听取学生对教学的意见和建议；最后根据学校教学质量监控与评价中心的相关要求，做好教学质量监控工作。

（六）学生素质与能力培养

1. 汉语言文学人才培养规格

本专业学生主要学习汉语言文学的基本知识和基本理论，受到文学审美、语言交流、汉语写作以及学术研究的基本训练，思想政治、科学文化、心理品质等全方位的熏陶和外语（英语）、体育等训练，综合形成以下几个方面的素质与能力：

（1）具有优良的政治素质和思想素质；具有科学的世界观和积极的人生观、价值观；具有优良的道德品质和心理素质；具有良好的团队精神、协作精神；具有较强的社会责任感、使命感和正义感。

（2）具有良好的人文素养、艺术素养和自然科学素养；具有良好的思维素质和思维能力；具有自主学习的能力，能够跟随知识的更新和经济社会的发展，不断更新知识结构，拓宽专业口径，提高专业水平，并能够将新知识、新理论及时引入自己的工作实践。

（3）具有比较扎实的专业基础知识和专业理论功底；具有较强的文学审美能力、熟练运用汉语进行交流和写作的能力；具有运用专业知识、专业基本理论以及专业技能；普通话标准，达到二级甲等水平；书写规范，三笔字（钢笔、毛笔、粉笔字）按期达标；掌握资料搜集、文献查阅、社会调查以及论文写作的基本方法；具备一定的研究创新能力。

（4）掌握相关的工作技能：基本掌握一门外国语言（英语），具有听、说、读、写、译的基本能力，通过大学英语课程考试以及国家大学英语四级以上考试；掌握计算机基础知识和操作技能，通过计算机课程考试以及非计算机专业学生计算机水平二级以上考试。

（5）具备较强的认识社会能力、分析批判能力；具有一定的组织管理能力、协调社会关系能力以及自我表现能力；具有较强的择业、创业能力和适应社会（市场）变化能力。

（6）热爱体育活动，身体素质好，体育素质测试达标；意志顽强，敢于拼搏。

2. 培养措施

针对人才培养的目标定位，采用显性课堂与隐性课堂相结合、常规教学与特色教学相结合、理论学习与实践能力培养相结合的人才培养模式，以实现学生知识、能力与素质的全面发展。

（1）显性课堂培养措施。所谓显性课堂即常规课堂教学，它是学校教育教学的主课堂，学生素质与能力的培养应从显性课堂抓起。显性课堂培养主要有如下几种措施：

①在课程体系的设置上，既要突出专业基础理论课和专业方向课的主体地位，又要适当安排一些学科平台课、实践选修课。这些学科平台课、实践选修课主要包括中国文化概论、自然科学概论、口语交际、演讲与口才、播音与主持、应用文体写作、学术论文写作、文献检索与利用、社会调查方法与实践、新闻采访与写作（实践）、书写（钢笔、毛笔、粉笔书写）等。这些课程能够使学生更好地理解知识、理论，消化知识、理论，应用知识、理论，实现知识、理论与实践的有机结合；也可以让学生根据自身的专业特长、兴趣以及发展定位，有针对性地培养实践能力，增强在就业中的竞争力和岗位适应能力；

②在教学内容与组织形式上，既要重视理论教学和智力的开发，又要根据课程内容的性质特点和教学目的，适当安排一些实践性内容和环节。通过理论教学与实践教学的合理安排，使学生认知能力、思维能力、知识迁移能力、实践能力得到提升。

③在教学方法上，要注重培养学生的思维品质，特别是要培养他们的创新意识和创新能力。

④通过开办一些专业技能培训班（如写作训练班、普通话强化班、书写讲习班）强化学生的专业技能。

⑤通过专业见习、专业实习、学年论文写作、毕业论文写作、军事训练、体育技能训练、劳动课程等实践性课程的教学，强化学生的综合素质和实践能力。

⑥根据需要，邀请校外专家、学者，特别是有实践经验的专家、学者讲学，充分利用社会资源，以弥补学校教学资源之不足。

（2）隐性课堂培养措施。隐性课堂是指在主课堂之外通过多种途径对学生进行的知识拓展和能力培养训练，它在主课堂之外对学生产生或直接或潜移默化的影响。在学生素质能力培养方面，隐性课堂的作用甚至超过主课堂。因此，推动隐性课堂的快速发展，加大隐性课堂的建设力度，对开展学生素质与能力培养工作至关重要。隐性课堂主要包括如下几种措施：

①通过制定鼓励学生发表文章（包括文艺性作品、宣传报道性作品、评论性作品等）的策略，有效开展学生文学、新闻社团活动，举办各种写作竞赛，激发学生的写作兴趣，提高学生的写作能力。

②通过鼓励学生申报大学生科技创新（含研究性学习和创新性实验）基金项目、撰写学术论文、参加科技竞赛，培养学生的研究创新能力。

③通过施行导师制，对学生的思想人格、专业学习以及个性发展进行正面的引导，以充分发掘学生潜能，提升学生的综合素质。

④通过建立健全学生社团组织，举办朗诵、演讲、辩论、书法、课堂模拟教学、摄影摄像、电视节目制作等专业素质与技能竞赛活动，营造发展专业素质与技能的学习氛围，提高学生的专业素质与能力。

⑤通过要求学生参加普通话、外语（英语）、计算机等级考试，举办普通话、外语（英语）、计算机技能比赛，设置外语（英语）角，激发学生学习普通话、外语（英语）、计算机操作的兴趣，提高学生的普通话水平，增强学生的外语（英语）、计算机应用能力。

⑥通过建设健康向上的校园文化，举办丰富多彩的文体（竞赛）活动，提高学生的艺术修养，增强学生的身体素质，培养他们顽强的意志和敢于拼搏的精神。

⑦通过让学生担任各级各类学生干部，广泛开展学生社团活动，培养学生的组织能力、管理能力和协调人际关系的能力。

⑧通过组织学生参加志愿服务活动、社会调查活动，加深学生对国情、社会的了解，培养学生关心公益事业、回报社会的意识和奉献精神，增强他们的社会责任感和使命感。

⑨通过组织学生参加假期社会实践，零距离接触工作岗位，培养他们的社会实践能力、择业能力和适应工作岗位的能力。

（七）师范生教师职业技能训练与考核

1.师范生教师职业技能训练与考核的原则

（1）"四实"与教师教育课程一体化相结合。"四实"即实验、实训、实习、实岗。教师教育类课程贯穿大学四年全程，以"四实"思想改造课程,将"四实"贯穿大学四年全程。其中教育学、心理学等教师教育类基础课程用于实践训练的时间不少于40%,学科教学论用于实践训练的时间不少于60%。

(2)学生互训与教师验收相结合。将学生自主训练与教师统一验收相结合,按照目标管理、分阶段考核、统一评价的方式进行考核。

(3)目标引领与任务驱动相结合。进一步明确和细化每一技能或训练项目的标准和具体要求,让每一个学生都能够充分了解标准和要求,并将其作为自己的学习目标,有动力自主训练、自主学习;教师职业技能训练的任务必须落实到每个学院(指二级学院,下同)、每个学期、每个教师、每个学生,并加强考核,记录在案。

(4)统一要求与专业特色相结合。国家、学校对教师教育专业有统一要求,同时各师范专业对教师还有特殊的要求。

2.师范生教师职业技能训练

(1)师范生教师职业技能训练内容。师范生教师职业技能训练的内容分为四个部分。第一部分为教师基本技能训练,包括"三字一话",即钢笔字、毛笔字、粉笔字与普通话;第二部分为教学技能训练,包括教学观摩与见习、教学设计、说课训练、课件制作、教学试讲;第三部分为班级管理技能训练,包括组建班集体的技能、组织各种活动的技能、对学生进行日常行为规范训练的技能、处理学生共性和个性关系的技能、与教师和家长沟通协作的技能;第四部分为教育教学研究技能训练,包括新课标研读、拟定调查问卷、制定课题研究方案和论文撰写。

(2)师范生教师职业技能训练安排。师范生自进校之日起,就在相关学院指导和组织下开始系统的师范生教师职业技能训练。训练内容根据《师范生教师职业技能训练与考核实施方案(试行)》确定。具体训练安排如下:

①入学专项教育:针对入校新生。师范生入学后各学院要专项组织专业培养方案、专业实践教学体系、教师职业技能教学体系的教育。

②基本技能训练:主要是"三字一话",针对一、二、三年级。

钢笔字:要求每生每周完成300字硬笔书法作品三篇,每班每学期定期举行班级硬笔书法比赛1次,每学期各学院举办硬笔书法比赛1次。

毛笔字:要求每生每周至少完成两幅毛笔字书写作品,每班每学期定期举办毛笔字书法比赛1次，每学期各学院举办毛笔书法比赛1次。

粉笔字与板书设计：要求学生每天练习15分钟粉笔字，每班每学期定期举办粉笔字书写和板书设计比赛1次，每学期各学院举办粉笔字书写和板书设计比赛1次。

普通话与教师语言：每生每天练习朗读或说话题目一个，每班每学期定期举行演讲比赛1次，每学期各学院举行演讲比赛1次。

③教学技能训练：包括教学观摩与见习、说课训练、课件制作、教学试讲与实习。

教学观摩与见习（针对一、二年级）：由各学院组织学生观摩优秀教师的示范课或优秀学生的微型课，在教师的指导下，学生做观摩记录。每生每学期观摩次数不少于2次，两年每生见习不少于2周。

说课训练（针对三、四年级）：在教师的指导下，自选题目，编写说课教案，进行说课练习。每生每学期说课练习不少于2次，每学期学院举办1次说课比赛。

课件制作（针对三、四年级）：在教师的指导下，自选题目，制作课件。每生每学期课件制作不少于2课时，每班每学期定期举行课件制作比赛1次，每学期各学院举办课件制作比赛1次。

教学试讲（针对三、四年级）：在教师的指导下，自选题目，编写教学教案，进行试讲练习，保证每生在实习前有不少于10次的试讲机会。

④班级管理技能训练：针对三、四年级。

各学院每学期邀优秀教育工作者举办讲座2次，使学生获取间接经验。

每学期每生自行设计主题班会方案1个。在辅导员的指导下每班每学期举办1次班队活动比赛，每学期各学院举办1次班队活动比赛。

⑤教育教学研究技能训练：包括新课标研读、拟定调查问卷、制定课题研究方案和论文撰写等，针对四年级。

新课标研读：每生必须完整研读本学科新课标，要有记录。

拟定调查问卷：毕业年级学生要学会制作调查问卷，利用寒、暑假等时间做1次教育调查，形成1篇调查报告。

制定课题研究方案：毕业年级学生选择自己感兴趣的教育问题，确定一个研究课题，撰写1份研究方案。

教学论文：各学院教师指导毕业年级学生自定课题，通过研讨，尝试进行论文写作，每生至少完成1篇。

3.师范生教师职业技能考核

（1）师范生教师职业技能考核内容。师范生教师职业技能考核内容分为以下四部分：

第一部分是教师基本技能考核，考核项目有钢笔字、毛笔字、粉笔字与板书设计、普通话与教师语言。

第二部分是教学技能考核，考核项目有教学观摩与见习、教学设计、说课训练、课件制作、教学试讲与实习。

第三部分是班级管理技能考核，考核项目有集体教育工作技能、个别学生教育工作技能、与任课教师和学生家长沟通工作技能。

第四部分是教育教学研究技能考核，考核项目有开展研究技能、研究成果总结技能。

（2）考核时间安排。师范生教师职业技能考核安排在完成各项技能训练之后的期末统一进行，考核不合格者可申请补考，所有师范生都须在四年级下学期通过全部的教师职业技能考核。非师范类专业学生自愿报名参加。

（3）考核成绩评定。

①师范生教师职业技能考核学分认定。学校将师范生教师职业技能训练与考核纳入学分管理范畴，具体办法参见高校学分管理规定。考核合格的学生获得相应学分。

②师范生教师职业技能考核成绩评定。师范生教师职业技能考核成绩评定等级分为五等，依次分别为优秀、良好、中等、合格和不合格，成绩评定为90分及以上的为"优秀"，80～89分的为"良好"，70～79分的为"中等"，60～69分的为"合格"。得分低于60分的为"不合格"。不合格学生需要进行补测，补测合格才能取得学分。

③学校和各学院组织师范生教师职业技能竞赛。学生参加教师职业技能比赛获得校级二等奖、院级一等奖及以上等级的奖项的，成绩按"优秀"记等，获得校级三等、院级二等奖的，成绩按"良好"记等。

（4）考核的功用及免考条件。

①所有师范学生只有经教师职业技能考核达到"合格"成绩后，方能

参加教育实习和师范生顶岗实习。首次考核未合格者，可在实习前进行一次补测。补测仍不通过者，需参加下一届教师职业技能训练及考核，通过后，编入下一届学生进行教育实习。对测试成绩不满意的，可付费再次参加考核测试，按最高成绩记录。凡获得师范生教师职业技能竞赛获院级三等奖及以上等级的奖项的学生，该项技能考核可以申请免试。

②师范生教师职业技能考核各项内容合格后，由学校颁发"教师教育职业技能合格证书"。全校各师范专业学生参加教师职业技能考核，且获得学校统一颁发的合格证后，方能毕业。

第四章　地方本科高校高质量教师教育课程体系建设

课程体系建设是地方本科高校教师教育高质量发展的重要途径，地方本科高校可以通过借鉴国外的教师教育课程建设的经验，结合地方本科高校教师教育发展的现状进行相应的课程探索与创新。在构建高质量教师教育课程体系时，地方本科高校应当按照一定的目标、指导思想及原则，以实践为导向，进行教师教育课程体系构建。

第一节　国外教师教育课程建设经验及启示

一、国外教师教育课程的侧重点

纵观国外教师教育课程的发展情况，笔者发现在不同的价值观引导之下，教师教育呈现出不同的侧重点，大致有以下几种：

(一) 侧重知识

从提升教师的知识水平这一角度来提升教师能力及素质，因此确立了以知识为取向的课程倾向。其理论依据一方面是教师知识的分类，另一方面是以布鲁纳为代表的认知主义心理学的相关主张。美国著名学者舒尔曼将教学过程看成推理的过程，中间会经历理解—转化—教学—评价—反思—新的理解这几个环节，之后获得新的认识，教师需要清楚如何将自己的知识以学生能理解的方式传递给学生。在舒尔曼看来，教师需要具备以下知识储备：

（1）学科内容知识。

（2）一般的教学方法知识。

（3）相关的课程知识。

（4）学科相关的教学法知识。

（5）关于学生身心发展特点的相关知识。

（6）教育的目的、价值和哲学、历史等相关知识。

以布鲁纳为代表的认知主义心理学认为，学生不是被动地接受知识，而是积极主动地在教师创造的学习情境中发现知识。教师需要掌握相关学科的知识，具备丰富的教学知识，全面了解学生的身心发展规律，促进学生全面发展。

教师知识可以分为本体性知识、条件性知识、实践性知识三方面，这三大内容共同构成了教师的知识结构。例如，英国的课程内容包括学业课程、教材研究课程、教育专业课程、教育见习和实习活动；在教师培养过程中，注重理论知识的完整性、系统性以及严密性。

（二）侧重能力

这一类的课程主要以培养教师的能力为重点，因而形成了以能力为本位的课程取向；注重教师在教学中的教学技能的使用，注重行为类的内容，在教学中坚持循序渐进的教学原则，并强调在教学中及时强化技能。

日本的教师教育课程非常注重师范生的教学能力的培养，并将其总结为五类，分别如下：

（1）教学设计技能。

（2）课程教学技能。

（3）学校管理技能。

（4）一般教学技能。

（5）明确主体技能。

这对教师能力的培养有着积极的作用。除了日本之外，其他国家（如英国、澳大利亚等）相关的学者也对教学技能进行了明确的归类，可见其对能力的看重。

与以知识为重点的课程相比，以能力为重点的课程具有以下特征：

首先，除了开设相关的文化课程之外，强化了能力的培养，强调教学技能的学习，如编写应用性强的教材以教授使用教学设备的技巧、设计教案技能等。

其次，强化了教育的见习、实习，增加了相关的学分，通过延长见习、实习的时间来强化技能的学习。

（三）侧重标准

20世纪80年代，教师专业发展理论的提出使得各国学者开始考虑教师教育相关的问题，特别是教师的专业标准问题，原因是课程标准是实施教师教育的依据，于是形成了以课程设置标准为侧重的课程。侧重于标准的取向是根据教师教育机构或组织研究出的教师教育专业标准制定教师教育的计划，设置相关的教师教育课程。

教师专业发展思想促进教师的主动成长，促使教师进行反思，同时也促使教师建构专业知识体系与专业能力，通过专业的标准来衡量教师的素质，以此提升教师的质量。基于此，以标准为侧重点的课程在强调知识、能力的同时，还对教师的素质提出了要求，使得这一类课程具有了时代性的特征。

日本非常重视教师素质的培养，从以下三个方面规定了新时代学校教师的基本标准：

（1）具备国际视野，并拥有付诸行动的素质能力。

（2）具备适应时代发展的社会人才必备的素质能力。

（3）具备教师专业要求的素质能力。

美国提出了"五大核心理念"，作为国家教师标准的基础，这"五大核心理念"如下：

（1）教师应当对学生及学生的学习负责。

（2）教师应当掌握所教学科的相关知识及教学方法。

（3）教师应当监督学生的学习。

（4）教师应当及时反思自己的教学，并从反思中获得成长。

（5）教师应当作为"学习共同体"的一员，与学生一道学习和成长。

德国的教师专业标准侧重教师职业道德、教师教育科学知识和能力、执教学科知识和能力这三个方面，综合体现为专业的教育教学能力。

综上所述，教师教育课程围绕着达到教师专业标准设置的目标来设置，要求教师掌握专业文化知识及技能，注重实践环节，强化自身的专业发展。一般来说，课程由通识课程、学科专业课程、教育专业课程、教育见习与实习四个部分构成。

二、国外教师教育课程的结构

国外教师教育课程主要分为三类：普通教育课程、学科专业课程、教育专业课程。

（一）普通教育课程

普通教育课程为学生掌握社会科学、自然科学奠定了基础，其目的是促进师范生养成良好的素质。多数国家将普通教育课程作为必修课，其具体内容如下（表4-1）。

表4-1 美国、英国、日本的普通教育课程内容

国 家	普通教育课程内容
美国	包括英语、哲学、文学、美术、音乐、戏剧、外语、历史、经济、法律、社会学、人类学、政治学、生物、数学、物理、化学、遗传学、地球和空间学及健康教育和体育等，包括自然科学、社会科学、人文科学和艺术、语言学各方面
英国	包括自然科学、人文科学、社会科学、艺术、语言学
日本	人文学科、社会学科、自然学科、外语、体育

西方国家的教师教育多数在综合性的大学里开展。在综合性大学里，学生能够在前期学习普通教育课程，这样就能为之后的专业课程的学习打下基础。

（二）学科专业课程

学科专业课程主要围绕学生的专业素养的提升而设置，解决师范生走上教师岗位时"教什么"的问题。学科专业课程一方面为中小学的课程教学服务，另一方面也促使未来的教师对未来所教的学科知识的广度与深度的拓展。国外教师教育在设置教师教育学科专业课程时，主要针对的是中

小学教育，所开设的课程与中小学的教学课程相对应，且门类比较齐全。对于学科专业课程，许多国家将其分为主修课和辅修课。

在美国，其基础教育主要实行的是合科教学，因此初级教育的教师需要承担多学科的教学工作；中级教育采用的是分科教学，要求教师能够担任一到两科的教学，因此美国的教师教育专业的学生需要学习两科以上的专业课程。

在英国，小学阶段不分科，小学教师需要胜任小学的全部课程的教学；中学阶段则需要分科教学。学习教师教育的师范生在入学之前可以根据自己的兴趣来确定毕业之后所教的学科，之后再从十个学科中选择两个学科作为专业的选修学科。

在德国，师范生在学校期间必须学习两门专业课程和相关的学科教学论，强调教师需要拥有广博的知识。只有这样，才能在未来引导学生形成对世界的全面认识。

（三）教育专业课程

教育专业课程主要教授的是教育教学方面的专业知识，其目的是提高教师教育的专业水平。通过学习教育专业课程，师范生可以学习教育教学方面的专业知识，提升专业素质和能力。教育专业课程在发达国家的教师教育课程中占比较大，一般包括三大内容（图4-1）。

教育基本理论课程
包括教育专业指导、教育哲学、教育史、教育心理学、教育社会学、教学论、教育行政与管理、教育技术等。

教学法课程
主要包括教学方法与策略、课程设计与开发、教学设计、教育测量与评价等。

教育教学实践
除了教育见习、教育实习外，还有顶岗实习、以中小学为基地的师资培训、临场实践和专业发展学校等教育实习形式。

图4-1 教育专业课程的分类

一些重视教师教育学术性的国家，其教师专业课程的比重较小，多集中在学科课程上；重视教师教育师范性的国家，其教师专业课程的比重较大。总的来说，专业课程与学科课程的比例随着时代的发展以及国家重视程度的变化而不断变化。

三、国外教师教育课程的基本特征

国外的一些教师教育课程因为各国的政治、经济、文化、侧重不同，在课程设置上呈现出不同的特点，但也有相同点，其相同点如下：

（一）文理融合，具有广泛性

国外的教师教育课程非常重视通识知识，认为广博的知识是教师从业的基础，同时也是教师走专业化道路的必要准备。广博的知识一方面可以提高师范生的适应能力与应变能力；另一方面还有利于提升教师的专业学科教学能力。为了使学生掌握丰富的通识知识，提升师范生的综合素质及能力，很多国家开设了人文学科、自然学科、社会学科等多种学科，促进教师教育通识教育的发展。

（二）课程围绕中小学课程展开，具有针对性

设置教育学科专业课程的时候，要注意与中小学的科目相对应。

例如，英国的教师教育课程与中小学的课程相对应，且学校规定师范生所修的课程门数相同，仅是表现形式不同。有的要求学习两门主要课程，有的要求学习一门主要课程，一门辅修课程。

又如，日本的普通教育课程几乎涵盖了中小学所有的课程，包括人文科学、社会科学和自然科学（表4-2）。

表4-2 日本普通教育课程内容

课程分类	课程内容
人文科学	文学、语言、历史、哲学、美术、音乐、戏剧等学科
社会科学	法律、社会学、经济学、人文地理等学科
自然科学	数学、物理、化学、生物及地球科学等学科

日本还开设了与中小学学科相关的科目，极大地增加了大学开设科目的自由度，同时也显示出学校的优势与特色。大学开设的特色课程，促进了课程设置的多样化，也体现了课程开设的灵活性。另外，大学课程的增多，也迎合了学生不同的兴趣爱好，促进师范生的个性发展。

（三）必修课与选修课设置合理，具有较大的灵活性

西方国家非常注重课程设置上的灵活性，这样可以满足不同学生的学习需求。在新加坡，为培养小学教师，主要开设了四类课程——核心类课程、必修类课程、自由选修类课程、实习类课程。在英国，理论课与技能课均设有必修课和选修课，其中必修课包括心理学、哲学、社会学、儿童发展及教育学，选修课程包括比较教育、社会教育、特殊教育、多元文化教育。

（四）不同于其他专业课程，教师教育具有师范性

教师教育与其他专业课程的区别在于教师教育具有师范性，且教师教育培养为基础教育师资建设贡献力量，最终促进基础教育的全面提升。师范生通过相关的课程学习，可以了解学生的身心发展规律，并学习相关的理论；通过学习教学原理、教学规律，可以提升自己的观察能力与分析能力。从教师教育发展的趋势看，未来从事基础教育的教师由综合性大学培养，但教师教育专业的师范性并没有因为"综合性"而消减，其课程的设置体现出教师的职业化与师范性。

许多国家的教师教育课程设置都体现出明显的师范性特征，表现为师范教育课程在整个课程体系中占据很大的比例。例如，日本不仅注重教师教育理论方面的课程，还不断探索教师应当具备的能力及素质，突出了教师教育的师范性。又如，美国和英国对于专业师范性的重视表现在除了专业课程、公共基础课程之外，教育课程要占到25%以上。美国的教育课程一般有教育专业基础课程、教育专业指导课程、教育专业课程、临床实践课程。

（五）课程设置上突出了实用性

课程注重理论与实践的结合是其实用性的表现，教育专业课程学习的目的是帮助师范生做职前准备。所以，西方发达国家非常重视理论与实践

的结合，突出了课程的实用性特征。师范生通过理论与实践的学习，可以在未来的工作岗位上熟练运用所学的知识，从而在教学工作中游刃有余。西方发达国家的教育理论课强调实用性，因此其课程的系统性与学术性被削弱，主要强调课程能否为之后的教学实践服务。一些带有社会普遍性的问题，一些与教学有直接关系的问题，常常会被当作教学内容及考试内容，这样可以使师范生对教学有更深的了解，可以提升他们的辨识能力及灵活运用知识的能力。

四、国外教师教育课程建设的启示

国外的教师教育课程改革可以为我国地方高校本科教师教育课程发展提供以下几点启示：

（一）强化教育专业课程的规划与实施

前面说到教育专业课程是教师教育专业区别于其他专业的特色课程，也是高等师范教育改革的重点，因此要格外重视教育专业课程的规划与实施。开设多样化的教育类课程有助于培养师范生的职业意识，逐渐形成职业习惯。

在美国，师范生除了学习基本的教育理论课程之外，还学习教育方法与技能的课程，开设的课程有心理学、教育心理学、教材教法、教育技术、教育评价与测量等。除了这些课程之外，还有教学实践活动。从以上课程可以看出，美国对于未来教师的专业性要求较高。

教育专业课程通常分为两部分，即教育专业的基本理论课程、教育专业的教学法。在强化教育专业课程规划与实施的过程中，需要从以下几个方面着手：

1.深化原有的基本理论课程

原有的教育专业课程主要有教育学、心理学。除了这些课程外，还应增设教育哲学、教育史、教育社会学、教师职业道德、教育行政与管理、中小学班级管理等，引导学生从基本理论逐渐学习更深的教育理论。另外，需要开设教师职业道德课，促进教师职业道德素养的提升。

2. 加强教学法课程建设

教学法课程内容包括教学方法、教学过程的组织与评价、教育测量与评价等，这些能有效提升师范生的教学技能，促进教师综合素质的提升。

（二）加强教育实践相关的课程建设

教师教育属于实践性强的课程，因此师范生需要具备较强的实践能力。在培养教师的过程中，要鼓励师范生将理论转化为实践，锻炼学生的教育教学能力。这一措施也成为检验地方高校本科教师教育质量的关键。在具体操作中，应当从以下几个方面入手：

1. 建设教师教育实习基地

需要及时更新教育实习理念，将地方本科高校与地方教育行政部门以及中小学实习基地通过政策联合起来，形成长期、稳定的合作关系。所建的教育实习基地应成为集教师科研、青年教师锻炼、骨干教师培训于一体的稳定教育基地。在实习形式上，传统的实习讲课应转变为实习讲课、学习指导、班级管理、学生活动组织、学生心理咨询以及学校管理相结合的全面教育实习，促进师范生理论与实践的结合，从而进一步确保教育实习的效果及质量。

2. 将具有教育实践价值的活动纳入教学计划

教育实践课程需要进一步规范化，需要挖掘有价值的教育实践活动，将其纳入教学计划。

3. 适当延长教育实习的时间

教育实习时间的延长可以为学生的实践提供更加广阔的空间、更为丰富的实践内容，并且逐渐发展成一个规范的综合实践课程。教师的能力及素质的高低只有放在具体的教学实践环境中才能检验，因此教育实践课程不仅有利于增强教师的责任感，有利于学生的身心健康发展，还有利于教育改革、社会进步、经济发展。

（三）开设教师教育技能课

传统的培养教师技能的方式主要是夯实教师基本功与拓展教师的职业

技能，形式较为单一，可以在传统的教育技能课的基础上加入现代教学方法研究、网络教学技术、现代学习方法研究、新媒体教学等具有实操性的课程，还可以开设学生评价、班级组织与管理、课程评价、教学机制、教育问题诊断等课程。这些课程都可以有效促进教师技能的提升，让学生既能学习如何在教学中运用现代科技，又能学习具有创新性的教学方法，大大提升师范生入职中小学的适应能力。

（四）加强信息技术课程建设

信息技术的发展促进了人们的生活方式的变化，也改变了教学方式。现代教师不仅需要掌握专业学科的相关知识和技能，还需要掌握现代信息技术的相关理论及技能，不断提升信息技术能力。

对于教师教育来说，师范生需要掌握的基本信息技术能力包括以下几种：

1. 信息搜集能力

要求师范生能根据教学需要，主动、积极地搜集信息。常用的信息搜集渠道有书籍、报纸、互联网等，也可以通过互联网查询信息、实地考察得到有益信息。

2. 信息整合与分析能力

搜集来的信息并非都对教学有利，此时，师范生需要具备敏锐的甄别能力，获得有用的、可靠的信息，促进教学活动的开展。

3. 信息加工能力

如果对于同一问题得到了不同的信息，就需要重新进行综合分析，结合自己的知识结构进行组织与存储，以简洁、直接的方式反馈给他人。

4. 信息利用能力

信息利用能力指的是运用信息手段或者技术，将所掌握的信息用来解决实际的问题。

5. 信息创新能力

信息创新能力指的是在进行信息搜集、整理之后，可以找到相关的线索，并能借助信息分析教学的本质，得出具有创新性的信息。

一般来说，教师教育信息技术课程包括录像教学设计、网络教学、教学技术导论、信息化教学、学校网络设计、教育多媒体设计等。我国当前的教育信息技术课程已经普及，但仍有许多环节需要加强，教师的信息技能仍然需要提升。

除了加强对以上能力的培养外，还需要加强教师职后培训，通过开设师德修养课程、设置开放课程等方式，促进教师教育课程的发展。

第二节 高质量教师教育课程体系构建的目标、指导思想及原则

高质量教师教育课程体系的建设直接影响着教师的专业化素质，影响着教师教育人才的质量及水平。要提升教师的专业化素质，就需要改变教师的培养形式，构建符合时代发展需要的教师教育课程体系。

一、高质量教师教育课程体系构建的目标

（一）促进师范生掌握基本的知识与技能

除了专业课程之外，师范生还应当了解教育的发展历史，掌握社会学、心理学等相关理论，并能分析教育的政治、经济、文化功能，体会教育对个人发展的作用，同时还要知道教什么、怎么教以及教得怎么样，等等。

（二）促进师范生树立现代教育观念，具备专业精神

现代教育观念包括教育观、学生观、课程观、教学观，师范生应当在学习过程中树立教育的理想，同时尊重教育的现实，对社会负责、对学生负责、对自己负责，增强专业性，促进专业精神的养成。

（三）促进师范生创新意识的形成及实践能力的提升

促使师范生关注教育实践，善于在教育实践活动中发现问题、解决问

题，进一步促进创新意识的形成；促使师范生掌握基本的教育研究方法，如课堂观察、文献整理、教育调查、实验等；促使师范生在教学实践中针对问题，制定相关的研究方案，并展开具体行动；促使师范生对教育理论、教育实践有自己的判断力，能不断反思自我，在实践中提升自我，从而顺利完成实践任务。

二、高质量教师教育课程体系构建的指导思想

（一）需要体现现代化的高质量教师教育课程新理念

从本质上看，教师教育课程的设计及目标应围绕着我国教师教育现状，致力于改变当前不合理、不科学的部分，建立一套遵循教师教育发展规律、符合时代发展要求的课程体系及实施标准。

教育课程的新理念体现在以下几个方面：

（1）建立开放、多元、综合、灵活的教师教育课程方式。

（2）增大教育专业课程、教育技能性课程、教育实践性课程、教育选修课程的比重，提升教师的专业性和适应性。

（3）促进教师教育课程内容的更新，使其符合时代的发展需求，实现课程的精简与整合。

（4）鼓励实施问题研讨式、自主探究式、实践探究式、主题互动式的课程实施方式，在课程教学方法上以及教师培养方式上改革与创新。

（5）注重教师教育质量的提升。

（6）实施强调教师内在的专业素养的课程评价标准。

教师教育课程必须使未来的老师在尊重学生的多元化发展的基础上更新观念，树立起以学生发展为本的教育理念，促进学生主观能动性的发展，主动为学生服务。在这一要求下，课程的设置上需要体现出新的思想与新的观念。

（二）需要体现时代创新的要求

当下地方本科高校培养的教师应属于复合型、创新型的人才，需要培养适应基础教育的需求、真正把握教育的本质、通过教授学科知识促进学生的知识积累及能力培养的教师。当下基础教育的发展需要的是应用型人才，且21世纪是知识经济的时代，需要的是创新能力强的人才。高校是培

养创新人才的摇篮，这就要求在培养的过程中，要注重培养学生的创新意识及创新能力，只有这样，才能培养出具有创新能力和意识的学生。思想僵化、缺乏创新的教师很难培养出创新能力强的学生，因此教师教育的目的是培养一批思想活跃，具有开拓进取精神的中小学教师，这样可以为中小学生的创新能力的发展提供条件。

虽然创新型教师的培养涉及诸多因素，但教育课程仍是重要的一环。设置创新性的课程不仅可以激发师范生的兴趣，使其积极进行更深更广的探究，还能促进师范生智慧的开发。常见的创新性课程包括专题研究、创新性思维训练、反思性教学训练等，这些课程都能促进学生的创新精神的形成及创新能力的提升。

（三）需要适应基础教育改革

教师教育培养的教师主要面向的是基础教育，因此教师教育课程的设置应当围绕基础教育改革。当下基础教育的发展目标非常明确，是要落实立德树人的根本任务，建设高质量的基础教育体系，强化学校教育主阵地作用。而高质量基础教育体系的构建中，教师是关键的一环。教师教育的课程紧紧围绕基础教育的变化进行相应的变化，体现了教师教育为基础教育服务的宗旨。

三、高质量教师教育课程体系构建的原则

高质量教师教育课程体系的构建应当遵循以下原则：

（一）开放性原则

（1）培养目标上，注重培养时代需要的高素质、综合性强的人才。

（2）人才培养模式上，改变学生的学习方式，更加注重学生综合竞争力的培养。

（3）课程内容上，强化学生的实践体验，反映社会、科技评价对促进学生素质全面提升的意义，从而使每个学生都具备持续发展的能力。

遵循开放性原则表现为，既考虑当下地方本科高校的办学实际，又兼顾其他的教师教育机构的发展要求；既借鉴教师教育的成功经验，又根据现实状况进行改革创新。

（二）效能性原则

基础教育发展到今天，对教师人才的需求也发生了变化，中小学学生对教师提出了新的要求，他们希望自己的教师富有个性，具备实力。因此，作为培养教师的教师教育面临新的挑战，其课程设置上也需要考虑教师个人的成长及人格塑造，为培养专家型教师而努力。

教师教育需要重新审视人才培养目标，根据基础教育的客观需求来确定培养目标，增强人才培养的效能性。教师教育的课程需要考虑教师成长、教师发展、教师人格形成的实际效能，实行多种知识内容与多种课程的综合，实现课程标准目标的多元化、水平分层化以及功能的多样化，高效能地推进教师人才的培养，促进教师教育的发展。

（三）统一性与灵活性原则

教师教育课程的设置应当遵循教师专业化发展的基本要求，以促进教师教育的高质量发展。教师教育既要在统一性的要求下，对教师专业化发展进行全程的规划，又要遵循灵活性原则，根据地方本科高校的实际情况进行相应的调整，以构建相应的教师教育课程体系。教师教育课程应当对职前培养及职后培训进行整合，使整个教师教育课程既体现出阶段性、连续性，又体现出灵活性，形成具有特色的地方本科高校课程体系。

（四）超前性原则

高质量的教师教育课程体系应当具有时代性，能反映国际范围内的教师教育改革的前沿内容，适度超前发展。另外，为了促进素质教育的全面推进，为了培养具有创新精神与实践能力的人才，为了适应基础教育改革的需要，为了适应教师教育专业化发展的需要，高质量教师教育课程体系的构建需要体现超前性原则，为培养未来的创新型教师提供条件。

（五）综合性原则

综合性原则通过开发综合性强的课程来体现，相关的课程有交叉课程、相关课程、融合课程、核心课程、经验课程等。综合性原则强调各学科之间的联系，强调综合能力的提升。

在设置教师教育课程时，既要体现地方本科高校教师教育的基础性，也就是在职前教育阶段,培养师范生基本的知识、技能及素养,又要结合当下基础教育改革的具体形式,把握基础教育的发展趋势,针对教师教育专业的独特特点,设置突出教师教育特色的教师专业化成长课程。

高质量教师教育课程构建需要体现综合性原则,不仅需要注重学科之间的交叉,文理学科的交叉,还要注重各类知识的整合以及各种能力的提升;除了处理好分科课程与综合课程的关系之外,还要开设更多的综合性课程,如心理教育课程、环境教育课程、创新教育课程等。

(六)理论联系实际原则

要遵循理论联系实际的原则,教师教育课程就需要开设教授广泛的教育理论知识的理论课,也要加强实践环节,注重理论向实践转化,加强教师的职业技能训练及职业能力的培养。

第三节 构建以实践为导向的教师教育课程体系

以实践为导向指的是在培养的全过程注重教育实践,包括全过程的理论与实践的结合,在完成之后还要进行相应的实践反思。以实践为导向包括六个方面的内容:以实践为导向确定的教育研究、师资投入、培养目标、课程体系、职业技能、实践环节。这里重点介绍以实践为导向的教师教育课程体系。

一、以实践为导向的教师教育课程体系的价值取向

(一)实践逻辑内涵

实践包括日常概念及哲学意义。在日常生活中,实践具有广泛性,泛指一切生命体的行为、行动和活动。哲学上的实践意义指的是人们自觉的社会活动和行为。逻辑则是探寻事物发展规律所使用的思维、方法及规则。实践逻辑从字面上理解就是活动或者行为过程中的思维、方法及规则。实

践逻辑体现的是人与外部世界的统一。

按照法国著名的哲学家和社会学家布尔迪厄的说法,是在实践中,依托具体的实践情景和逻辑,不断规范自身的实践,强调的是实践逻辑者"身体在场"的价值承认。也就是说,实践者会将具体实践情景及个体经验作为规范与指导实践的准则,并承认这一准则的价值。

以实践为导向的教师教育课程是人们根据一定的实践逻辑开展的社会实践。

(二)地方本科高校教师教育课程的实践逻辑

地方本科高校教育随着高等教育结构战略性调整而发生变化,而教师教育作为地方本科高校教育的重要组成部分,也要积极进行改革,即教师教育应朝着应用型方向发展。因此地方本科高校在办学定位、保障机制、办学制度、教师队伍建设、课程体系构建上都需要进行调整,只有这样才能培养出合格的人才。在构建以实践为导向的课程体系时,地方本科高校教师教育应当以专业课程标准为指导,践行实践逻辑,通过改革课程,构建教师教育课程体系。

地方本科高校教师教育课程的实践逻辑理念如下:

1. 出发点——以人为本

以往以学科为核心的课程以人为落脚点;而以实践逻辑为核心的课程以人为出发点,使得以人为本的理念贯穿课程实施的全程。一般来讲,学科课程的逻辑顺序为知识—课程发展—人的发展;实践课程的逻辑顺序为人的发展—实践应用—课程发展,这一顺序上的不同直接造成了课程体系的不同发展轨迹。

以实践为导向的教师教育课程构建不仅指向了接受职前教师教育的师范生,还指向了接受终身教育的专业人员。以汉语言文学专业为例,从文学教育来看,四年制的汉语言文学专业培养期是师范生的文学常识、文学理论、鉴赏能力等知识吸收及素养和能力形成的时期,且这一时期对师范生之后的职业生涯起着积极的作用。因此,教师教育课程体系应当加大课程的自主性,让师范生在实践中形成汉语言文学素养。从师范生未来的职业生涯来看,课程的选择性对学生的发展有着积极的作用。

2. 途径——以课程发展为手段

地方本科高校有着自身的历史积淀，其发展遵照一定的逻辑，在某些领域具有自主性，在国家高等教育研究型与应用型两种大学分类管理的多维空间中扮演着重要的角色，这也就决定了地方本科高校的自主特征。按照布尔迪厄的说法，地方本科院校就是一个科学的社会场域，在教师教育领域中，教师与师范生是行动者，他们通过自身的具体的实践活动来建构着地方本科高校的教师教育发展。

就地方本科高校教师教育课程结构体系本身来说，它是社会生活实践各方面的组合体系。社会生活通过文化上的定向性和社会自我建构的持久性，逐渐形成了具有"构造结构"的社会实践体系，这种社会实践体系一旦为某一专业或学科服务，就实现了课程结构与行为的衔接，使得社会生活实践成为课程内容的重要组成部分。从这一理论看，课程体系的本源来自社会行动者的实践及经验，课程的内容是作为社会实践的产物存在的。

地方本科高校教师教育课程的发展符合文化再生产及文化资本转换的理念。课程的构建在高等教育体制背景下，通过自身实践逻辑的驱动，根据地方本科院校所处的场域位置进行转换，促进地方本科高校主动适应变化，为课程的发展提供了可能性。在所生成的新的场域语境中，课程体系呈现出社会实践具体化倾向，并在实践中生成新的课程体系。此时的课程体系体现出的是集体性、社会性的结构特征，并通过经济资本向文化资本的转换，变得具体而现实。

同样以汉语言文学专业为例，要改变以往的教育弊端，就需要转变原有的课程体系和内容，需要超越学科本身的局限，需要脱离以学科为中心的课程计划，转向以实践为中心的场域，根据教育、经济、医学、文化资本等的发展要求，对学科结构进行重新调整，以实现课程内部结构的升级，从而进一步完善教师教育课程体系。

3. 指向——实践能力提升

教师教育的目的是为中小学基础教育培养合格的教师人才，这些人才将成为中小学教师队伍的重要力量，并影响着中小学生能力及素质的全面提升，为区域的教育及经济发展作出贡献。这就意味着教师教育需要加强实践，改变原来重视理论教学的局面，积极开展实践活动，培养学生的实践能力，进一步培养学生的创新能力。

地方本科高校的转向发展对地方本科高校教师教育有着积极的影响，能够使得课程指向实践性，并从深层次的机构上强化实践。这不仅仅是增加一些实践环节，而是要从宏观的课程体系上去构建课程的实践逻辑和理念，从师范生的技能、应用、实践等方面入手，围绕基础教育对教师的要求，从整体上进行把控，从而形成以实践为导向的课程体系。

二、建立以实践为导向的教师教育课程体系

地方本科高校教师教育课程呈现出较强的系统性，其构成要素包括教师教育课程目标、教师教育培养模式、教师教育课程结构。

（一）教师教育课程目标

教师教育课程的目标包括教师观、教育观、学生观、理解学生的知识与技能、发展自我的知识与技能、开展教育活动的知识与技能、参与教育实践的经历与体验、观摩教育实践的经历与体验、研究教育实践的经历与体验等。地方本科高校教师教育培养的人才主要是中小学教师，其教师教育课程目标可以参照《教师教育课程标准（试行）》进行设定。

1. 培养小学教师的教师教育课程目标与课程设置

未来小学教师应当了解小学生的成长特点，学会创设富有支持性和挑战性的学习环境，满足他们的表现欲和求知欲；理解小学生的生活经验和现场资源的重要意义，学会设计和组织适宜的活动，指导和帮助他们自主、合作与探究学习，使他们形成良好的学习习惯；理解交往对小学生发展的价值，学会组织各种集体活动，让他们在有意义的学校生活中快乐成长。

（1）课程目标。在课程目标上，注重师范生的教育信念与责任、教育知识与能力、教育实践与体验（表4-3）。

表4-3 培养小学教师的教师教育课程目标

目标领域	目标
教育信念与责任	1.1 具有正确的学生观和相应的行为
	1.2 具有正确的教师观和相应的行为
	1.3 具有正确的教育观和相应的行为
教育知识与能力	2.1 具有理解学生的知识与能力
	2.2 具有教育学生的知识与能力
	2.3 具有发展自我的知识与能力
教育实践与体验	3.1 具有观摩教育实践的经历与体验
	3.2 具有参与教育实践的经历与体验
	3.3 具有研究教育实践的经历与体验

（2）课程设置（表4-4）。

表4-4 培养小学教师的教师教育课程设置

学习领域	建议模块	学分要求（四年制本科）
1. 儿童发展与学习	儿童发展；小学生认知与学习等	最低必修学分24学分
2. 小学教育基础	教育哲学；课程设计与评价；有效教学；学校教育发展；班级管理；学校组织与管理；教育政策法规等	
3. 小学学科教育与活动指导	小学学科课程标准与教材研究；小学学科教学设计；小学跨学科教育；小学综合实践活动等	
4. 心理健康与道德教育	小学生心理辅导；小学生品德发展与道德教育等	
5. 职业道德与专业发展	教师职业道德；教育研究方法；教师专业发展；现代教育技术应用；教师语言技能；书写技能等	
6. 教育实践	教育见习；教育实习	18周
教师教育课程最低总学分数（含选修课程）		32学分+18周
说明： （1）1学分相当于学生在教师指导下进行课程学习18课时，并经考核合格。 （2）学习领域是每个学习者都必修的；建议模块供教师教育机构或学习者选择或组合，可以是必修，也可以是选修；每个学习领域或模块的学分数由教师教育机构按相关规定自主确定		

2. 培养中学教师的教师教育课程目标与课程设置

对于未来中学教师的培养，主要引导他们理解青春期学生的特点及其对学习生活的影响，学习指导学生安全度过青春期；理解中学生的认知特点与学习方式，学会创建学习环境，鼓励学生独立思考，指导他们用多种方式探究学科知识；理解中学生的人格与文化特点，学会尊重他们的自我意识，指导他们规划自己的人生，在多样化的活动中发展社会实践能力。

（1）课程目标（表4-5）。

表4-5 培养中学教师的教师教育课程目标

目标领域	目 标
教育信念与责任	1.1 具有正确的学生观和相应的行为
	1.2 具有正确的教师观和相应的行为
	1.3 具有正确的教育观和相应的行为
教育知识与能力	2.1 具有理解学生的知识与技能
	2.2 具有教育学生的知识和能力
	2.3 具有发展自我的知识与能力
教育实践与体验	3.1 具有观摩教育实践的经历与体验
	3.2 具有参与教育实践的经历与体验
	3.3 具有研究教育实践的经历与体验

（2）课程设置（表4-6）。

表4-6 培养中学教师的教师教育课程设置

学习领域	建议模块	学分要求（四年制本科）
1. 中学生发展与学习	中学生发展；中学生认知与学习等	最低必修学分10学分
2. 中学教育基础	教育哲学；课程设计与评价；有效教学；学校教育发展；班级管理等	
3. 中学学科教育与活动指导	中学学科课程标准与教材研究；中学学科教学设计；中学综合实践活动等	
4. 心理健康与道德教育	中学生心理辅导；中学生品德发展与道德教育等	
5. 职业道德与专业发展	教师职业道德；教师专业发展；教育研究方法；教师语言；现代教育技术应用等	
6. 教育实践	教育见习；教育实习	18周
教师教育课程最低总学分数（含选修课程）		14学分+18周

续 表

> 说明：
> （1）1学分相当于学生在教师指导下进行课程学习18课时，并经考核合格。
> （2）学习领域是每个学习者都必修的；建议模块供教师教育机构或学习者选择或组合，可以是必修，也可以是选修；每个学习领域或模块的学分数由教师教育机构按相关规定自主确定

（二）教师教育培养模式

长期以来，我国中小学的教师大多由独立设置的师范院校培养，其专业设置与基础教育的课程设置相一致，主要采取的是混合式的培养模式，也就是在学习专业知识的同时，增加教师教育的相关内容，并在大学四年的时间内完成。对于地方本科高校来说，当前的教学课程模式有"4+2""4+1""4+0""3+1"等。因为中小学的教师需求不同，所以呈现出培养不同层次教师知识结构的需要。

（三）形成以实践为主导的教师教育课程结构

教师教育培养基础教育需要的人才，需要开设文化通识课程、教师修养课程、学科知识课程、技能技术课程、教育理论课程、实践训练课程等。

1.教师教育课程体系的构建

要建设教师教育课程，就要处理好以下关系：

（1）建立完整的教师教育课程体系。教师教育课程包括教师修养课程、教育理论课程、技能技术课程、实践训练课程，要通过合理分配各部分的比例，来构建完善的教师教育课程体系，使学生通过各门课程的学习，形成完善的教育知识结构（图4-2）。

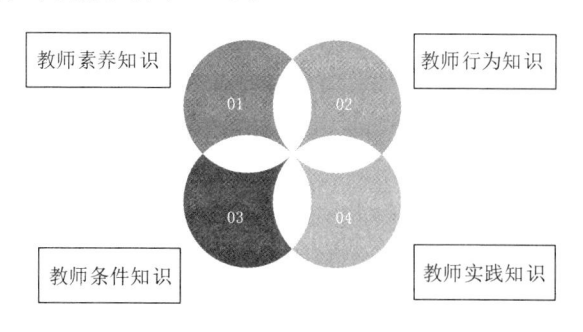

图 4-2 教师教育知识结构

（2）增加教育专业课程的比例。随着教师专业化程度的加深，教育专业课程的比例应当相应地提升，可以占25%～30%，这样可以有效提升学生的教育专业素养，促进教师专业能力的提升。

（3）增加教育技能性、实践性课程比例，注重产出。当下，基础教育强调学生的实践能力与知识运用能力，这些要求使教师需要具备较强的实践能力。通过增加相关的实践课程的比例，可以锻炼师范生的教育教学技能，提升他们的教育实践能力。

（4）增加选修课的比例。选修课的选择自由度变大，师范生可以根据自己的兴趣选择相应的选修课程，其前提是选修课程的可供选择范围广一些，因此需要增加选修课的比重，促进课程结构朝着灵活化、开放化、自主化的方向发展。当前的高校课程发展呈现两种倾向，一种是强调教师所教的专业与学科的知识的积累与能力的培养，另一种是强调教师职业本身的专业化知识的积累与能力的培养。无论哪种倾向，都应当增加选修课的比例，促进师范生的全面提升。

（5）丰富课程内容。基础教育课对师范生的发展起着基础性的作用，能够解决教师教学中遇到的基本问题。我国的地方本科高校开设的基础教育课的比例较小，且课程的内容呈现出狭窄的特点，因此需要增加基础教育课的课程比例，加强基础教育，通过开设文理交叉学科，促进文理渗透。通过要求文科师范生学习综合性自然科学课程，理科师范生学习综合性社会科学课程，使师范生形成全面的知识结构，增加师范生的知识储备。

要实现以实践为导向的教师教育课程体系的构建，就需要在兼顾教育专业知识学习的同时加大实践及能力的培养，一些地方的师范院校进行了相关的课程探索。

2.教师教育全程培养模式中的课程实施

所谓全程培养模式，指的是专业学习与教师教育同时进行，根据时代发展要求及基础教育对教师的要求，重新设计和规划教师教育的课程内容，统筹规划内容，根据课程特点以及需要掌握的能力，将内容分解在四年的学期中，从而实现培养目标。全程培养模式可以促进师范生的职业意识及教师技能的提升，促进师范生的独特优势的彰显，提升师范生未来的职业竞争力。

全程培养模式分为三大教学阶段、两大课程类型、九个课程模块。

（1）三大教学阶段。教师教育培养模式分为三大阶段，即大一阶段，大二、大三阶段，大四阶段。各阶段师范生都需要达到一定的目标，学习和掌握一定的知识及技能（表4-7）。

表4-7　全程培养模式的三大教学阶段及具体内容

阶　　段	分　期	阶段目标	具体内容
第一阶段	大一	教师职业的角色认知及职业生涯规划阶段	1. 帮助师范生完成对教师角色的认知，包括对教师职业的认知，为形成职业能力做准备。 2. 对职业生涯的规划，包括对教师职业的选择、对教师职业目标的确定、对工作岗位的设计、对成长的规划等
第二阶段	大二、大三	教育理论学习以及从教能力培养阶段	1. 教育理论的学习应当突出实用性、必要性、创新性，理论学习与实践相结合，促进学生的研究意识、分析能力、理论素养的培养。 2. 从教能力的培养主要包括业务能力、社会交际能力、组织管理能力
第三阶段	大四	教学实践及实战演练阶段	1. 加强专业实习及毕业实习等环节的实践。 2. 列入教学计划的各实践教学环节累计学分，人文社会科学类专业不少于总学分的15%，理工农医类专业不少于总学分的25%。 3. 加强实践内容、实验模式的创新，促进学生动手能力、分析及解决问题的能力的提升。 4. 加强产学研的合作，拓展校外实践活动

（2）两大课程类型。两大课程类型包括教师教育理论课程以及教师教育实践课程。

（3）九个课程模块。教师教育理论课程与教师教育实践课程进一步细分，可分为九个课程板块（表4-8）。

表 4-8 全程培养模式下的课程构建

课程类型	课程模块	课程内容
教师教育理论课程	教育学课程板块	包括教育学、心理学、教育心理学、现代教育技术、教师语言艺术、实验等
	新课程板块	包括解读新课标、走进新课程、研究教材与教法
	职业道德教育板块	包括教师职业道德、教师教育法规、教师礼仪、教师职业生涯规划
	学科教学论板块	包括学科教材研究、学科教学论、学科特级教师研究等
	素质拓展板块	包括艺术欣赏、音乐鉴赏、美术鉴赏、文学鉴赏
教师教育实践课程	实践教学板块	包括观摩教学、微格教学、模拟课堂、基地见习、课件制作
	从教技能板块	包括阅读课、钢笔课、粉笔课、教师语言课、朗诵、演讲、计算机操作技能等
	教学管理板块	包括课外活动组织、班主任实训、教师社会交际能力等
	教育科研板块	包括中小学教育科研实践、教育论文写作、行动研究实践、教育专题研讨等

在全程培养模式下，教师教育理论课程强化了理论与实践的联系，许多课程如教师语言艺术、实验、教师礼仪、教师职业生涯规划、艺术欣赏、音乐鉴赏、美术鉴赏、文学鉴赏等课程都需要加强实践，在实践中加强理论的学习。实践课程上，应强化实践教学、从教技能、教学管理、教育科研等技能及实践能力的培养。

第五章　地方本科高校高质量教师教育实践教学体系建设

教学是发展高质量教师教育的基础性工作，强化实践教学体系建设有利于地方本科高校师范生的实践能力的提升，促进理论向实践的转化。在实践活动中，地方本科高校应以校园文化活动为侧重点，开展实践教学活动，将实践教学与课堂教学同步进行，这有利于师范生的综合能力的提升；以培养学生创新创业能力为目的，加快师范生创新创业能力的提升；通过构建见习、研习、实习一体化的教师教育实践教学体系，丰富实践教学的内涵，进而促进教师教育的高质量发展。

第一节　教师教育实践教学的背景分析

实践教学是教师教育人才培养的重要环节，我国的师范院校以及一些地方本科高校的教师教育专业的师范生的实习主要采用的是各学科混合编队与单一学科编队、顶岗实习与支教实习、分散实习与集中实习等模式。这些模式对师范生实践能力的提升有着积极的意义。随着时代的发展，基础教育对教师的需求发生了变化，对地方本科高校的高质量教师教育体系来说，实践教学部分非常重要，挖掘实践教学资源，构建实践教学体系，创新实践教学模式显得非常有意义。

一、地方本科高校教师教育的实践教学状况

（一）课程实践教学

地方本科高校教师教育包括教师教育课程实践教学和教育实习，其中教师教育课程实践教学包括非学科教育类课程实践教学、学科教育类课程实践教学两类，开展实践教学的方式主要有问题讨论、情景模拟、试讲（微格教学）、说课、教育调查、实习参观、教育见习等方式。

《教师教育课程标准（试行）》对教师教育实践教学做出了以下规定：

（1）强调遵循先易后难的规律。

（2）实践与反思相结合。

（3）课程实施上加强实践课程规划和教育实践指导，优化实践模式和方法。

（4）课程评价上采取多样的评价方式，重视形成性评价，提倡评价主体的多元化。

针对《教师教育课程标准（试行）》相关规定，当下地方本科高校的教师教育不断发展，教师教育课程实践教学呈现出以下状况：

（1）非学科教育类课程实践教学。当下地方本科高校教师教育教学的主要形式是问题讨论，非学科教育类课程实践教学还经常采用试讲（微格教学）、情景模拟、说课等方式，教育见习的方式也比较常见。

（2）学科教育类课程实践教学。学科教育类课程指的是与基础教育规定的某一个具体学科教学相关的教育类的课程，是为未来基础教育的学科教学服务的，主要学习学科教育知识及技能。学科教育类课程与纯粹的教育理论类课程不同，这一类课程与基础教育学科教学有着紧密的联系，因此其实践性较强。

学科教育类课程实践教学的形式仍然以问题讨论为主，试讲（微格教学）次之，说课、教育见习、情景模拟等也是常见的实践教学形式，而教育调查及实地参观等形式较少采用。

（二）教育实习

1. 教育实习的时间

在教育实习的时间上，各学科呈现出差异，有的专业的教育实习时间较长，有的教育实习时间较短。总的来说，师范生的教育实习的时间为5～10周，通常实习的场所是中小学。

2. 教育实习的独立授课时间

师范生在中小学实习期间的独立授课时间也存在着差异，有的学科的授课时间较长，如体育，有的学科的授课时间较短，一般为5～8课时。

3. 教育实习的形式

当前，集中实习、顶岗实习、自主实习等是主要的教育实习方式。其中，集中实习为主，自主实习次之，顶岗实习所占的比例最小。

教师教育实践在发展的同时，也存在不少问题，以下方面仍需要加强：

（1）需要形成有机联系的实践教学系统，加强对实践教学的理解。

（2）丰富实践教学的形式，促进实践能力发展目标的达成。

（3）延长教育实习的周期，提升教师教育专业学生的实践能力。

（4）加强教育实践环节制度建设，促进全方位的教学质量监控体系的形成。

二、教师教育实践教学的发展趋势

（一）强化实践

教师是一个实践性较强的职业，以往教师教育往往注重理论知识的学习，虽然也有实践环节，但从时间上来说远远不够。近年来，一些师范院校以及地方本科高校不断强化实践教学环节，使得师范生的实践教学能力有了显著的提升，同时也促进了师范生的职业情感的加强，促进师范生社会责任感的提升，对基础教育的发展及教师培养的时代需求的满足有着积极的意义。以往师范院校多以教育学、心理学、学科教学法组成课程结构体系，强化实践就是要开设模块化、实践性强、选择性强的教师教育课程，加强教师教育专业与基础教育学科的关联，引入中小学教育教学案例，增强课程的针对性与实践性。

强化实践还表现为建立稳定的教育实践基地，并给予教育实践经费保障，实施"双导师制"，即高校教师及基础教育教师共同指导师范生的制度，同时也需要建立标准化的教育实践规范，以指导师范生的实践活动，将师范生到中小学实践的时间延长到一个学期，以此来提升师范生教育见习、实习实践教学质量。

（二）强化创新

随着信息化时代的到来，教育理念、教育模式以及未来教育的发展方向发生了改变，因此对地方本科高校的师范生提出了更高的要求。近年来越来越多的地方本科高校意识到，只有持续不断地培养师范生的信息技术应用能力、创新思维等，才能培养出掌握现代信息技术、具有创新能力的中小学生，为未来人才运用信息技术、信息工具解决实际问题奠定基础。

强化创新表现为推动研究型教学，建构"自主、合作、探究"的教学模式，以提升师范生的实践能力、学习能力以及创新能力。尤其创新能力的培养，需要借助现代信息技术来变革教师的教学方式以及师范生的学习方式，这样才能提升师范生的信息素养以及信息技术应用能力，为自主创新奠定基础。

（三）强化队伍建设

这里的队伍建设指的是高校的教师（"教师的教师"）队伍建设。一般来说，教师教育师资力量的强弱直接影响着师范生质量的高低，因此教师教育的教师队伍建设非常重要。

强化教师队伍建设，首先需要建立高校和中小学教师专兼职结合的教师教育师资队伍，促进高校与中小学、教研机构、企事业单位、教育行政部门等共同建立"协同教研""双向互聘""岗位互换"的新的教师发展机制。同时，要培养高校教师教育专业教师的实践能力，鼓励高校相关教师深入中小学，通过兼职任教、挂职实践等形式，提高教师的实践能力，促进教师的素养的提升。

三、教师教育实践模式的创新方向

(一) 管理模式上的优化

教育实践及师范生教育实践涉及的校级领导与行政机构复杂，一般需要多方面协调。在师范生具体的实践活动中，涉及的领导和行政机构及其分别对应的实践活动如图5-1所示。

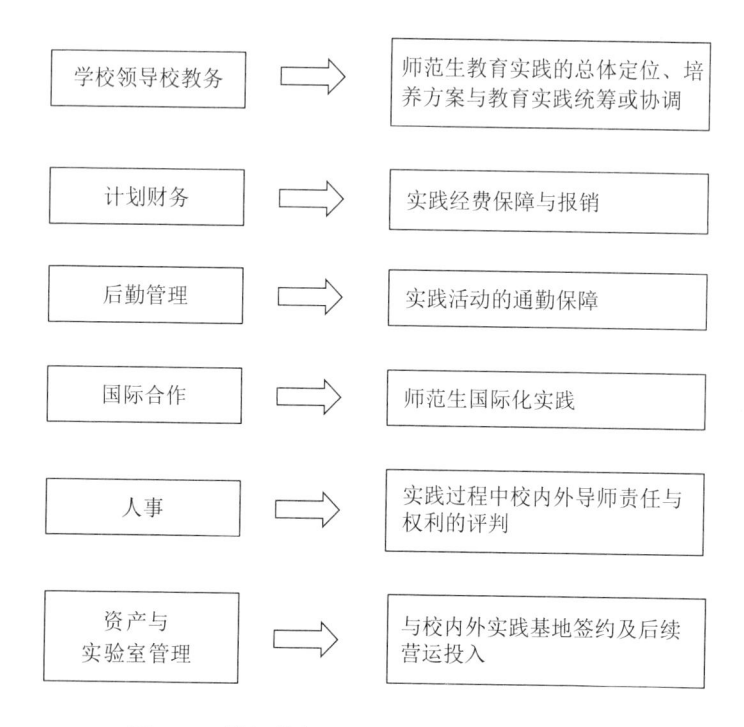

部门	相关实践活动
学校领导校教务	师范生教育实践的总体定位、培养方案与教育实践统筹或协调
计划财务	实践经费保障与报销
后勤管理	实践活动的通勤保障
国际合作	师范生国际化实践
人事	实践过程中校内外导师责任与权利的评判
资产与实验室管理	与校内外实践基地签约及后续营运投入

图 5-1 教师教育实践涉及部门及相关实践活动

教师教育实践过程中，需要专业负责人、专业年级主任、辅导员等负责实践活动的全过程，而当前由于负责教师教育实践的师资力量薄弱，多依靠学校的行政机构，教师教育实践在管理上有着很大的提升空间。为了改变这一现状，一些培养教师的单位拟开始加强教师教育办学资源的整合与统筹，有的成立校级教师教育办公室，有的成立教师教育学院。这些办公室和教师教育学院负责统筹教师教育对外职能以及加强学科学院之间的联系，具体的活动如联络校外的实践基地、举办师范生教学技能大赛等。

有的地方本科高校将教师教育工作放在教师教育的管理与协调上，开展教师教育的统筹制度，积极促进教师教育机构的改革。于是地方本科高校在培养教师的过程中，在高校的教务处设立教师教育科等，专门负责教师教育人才的培养，对人才培养的标准作出规定，并做好质量监督工作。

地方本科高校教师教育工作的具体事务通常由学校的教师教育学院进行统筹，包括日常的课程模块、课程见习、技能大赛、本硕一体化培养方案等。

(二) 双导师平台的建构

教育实践应当围绕师范生展开，实行双导师制，创建项目小组、专业兴趣小组、师范课集体研讨会等。随着信息技术的发展，更多的信息技术被运用到教学实践中去，形成了现场实景教学、录像教学、微格教学等形式相结合的教学形式，促进了师范生的素质的全面发展及能力的提升。通过构建双导师平台，校内外的导师进行理论交流、思想交锋、智慧碰撞，不断改进教育实践工作。通过平等对话与协商，来促进教育教学实践共同体的形成。

总的来说，教师教育教学实践需要构建教育见习、研习、实习一体化的教学实践模式。为了加强师范生教育实践，可以成立教育实践联合领导小组，加强各个阶段的统筹与安排；保障各个环节的良好衔接，促使各环节的衔接无障碍，更好地过渡到下一个阶段；优化招生模式，促进师范生的综合素养的提升；制作师范生成长档案袋，记录学生的成长轨迹。

第二节 实践能力培养——师范生创新创业能力培养

一、创新创业能力

创新创业能力即创新能力与创业能力的结合，创新能力指的是个人在现有知识与能力的基础上进行创新的能力。创新能力考察的是产生创新成果的综合能力，注重发明与发现能力，是人类的创造性的外化。当今时代，经济的快速发展需要一大批具有创新能力的大学生，促进创新能力转化为实际生产力，更好地进行社会主义现代化建设。创新能力主要包括创新意识、创新思维、创新技能、创新人格四个方面的内容。创业能力是在各种创新活动中，依靠个人的知识和经验积累，凭借独特的方法很好地解决问题，并在此过程中产生有价值的设想及方法的技能。具有创业素质的人才具有多方面的能力，包括学习能力、创造力、创造精神、技术能力、解决问题能力、洞察力、信息搜索能力等，创业素质高的人一定是综合素质较高的人。

一般来说，创新创业能力强的人具有以下品质：

（1）好奇。创新创业能力强的人对世界、身边的事物充满着好奇，好奇推动着他们认识世界与改造世界。兴趣与动机是促进人们从事创造性活动的驱动力，也是人们产生创造性思维、创业的内驱力。好奇可以使个体集中注意力，专注于所做的事，并取得较好的成果。

（2）质疑。创新创业能力强的人敢于质疑，善于发现问题和解决问题，以此获得创新的方法及手段。在学校，学生往往习惯于把教师、教材当作权威，有了问题时也不敢向老师提出来，导致学生常常忽略问题，所以这样质疑精神就难能可贵了。大胆质疑的过程中学生可以培养创新思维，以问题解决为导向进行探索，以实现创新。

（3）锲而不舍。创新创业的过程并非一帆风顺的，当遇到瓶颈时要有锲而不舍的精神，只有拥有坚强的意志、顽强的毅力和较高的抗压能力，才能继续在创新创业之路上前行。

二、师范生创新创业能力培养的必要性

（一）师范生创新创业能力培养是建设创新型国家的客观需要

21世纪国家与国家之间的竞争是综合国力的竞争，其实质是科技与人才的竞争，是创新型人才的竞争。创新型国家的建设需要创新创业能力强的人才，开展创新创业教育将创新与创业能力的培养结合起来，在这一过程中可以培养学生的创新意识、创新思维、创新能力等，为创新创业打下

良好的基础。大力培养师范生的创新创业能力是高校的重要任务，有利于培养更多的创新创业人才，推动创新型国家的建设。

（二）师范生创新创业能力培养是基础教育发展的需要

随着基础教育事业的发展，基础教育对教师的要求越来越高，不仅对教师的专业素养提出了更高的要求，也对教师的创新能力提出了更高的要求。教师的创新创业能力对中小学学生的创新能力的培养有着重要作用，首先，教师在课堂上可以运用创新思维及创新方法，引导学生从不同角度看待问题，找到多种解决问题的方法。其次，在实践教学中，教师还能引导学生运用创新思维解决实际问题，进一步提升学生的实践能力，为学生的创新创业能力的提升打下基础。

（三）师范生创新创业能力培养是师范生自身发展的需要

当代大学生有着鲜明的时代特征，主要表现为大学生积极进取、追求个性、自我意识强、追求自我价值等，他们对创新的要求较高，并在学习和实践时积极尝试创新。作为师范生，提升创新创业能力也是他们自身发展的需要，师范生创新创业教育与单纯的知识和技能的传授不同，强调的是综合素质及创新能力的提升，特别是创新意识的培养。因此，师范生的创新创业能力的培养为他们的自身发展奠定了基础，在创新创业过程中，他们会选择自己感兴趣或者适合自我发展的领域，以自己独特的想法和优势去开拓、去创新，最终实现自我的价值。

三、师范生创新创业能力培养路径

笔者结合当下师范生创新创业能力的培养现状，并结合国内外的师范生创新创业能力培养的成功经验，提出了以下师范生创新创业能力培养路径：

（一）意识层面——树立创新创业教育理念

在开展创新创业能力培养时，常常有这样的认知误区，即认为创新创业教育就是鼓励学生去创业，其实创新创业教育强调的是通过社会实践活动培养创新能力和创业精神。因此，要培养师范生的创新创业能力，需要在意识层面树立创新创业教育理念。

长期以来，地方本科高校的师范生培养采取的模式极大地限制了师范生创新能力的发展，进而影响了师范生创新创业能力的提升，因此必须更新发展理念，促进师范生创新创业能力的提升。

1. 全面认识创新创业教育的理念

创新创业教育的目的并非将师范生培养成创业者和企业家，而是将其培养成具有一定创新能力，积极进取、敢于挑战的创新创业人才。这样的人才能为创新注入动力，培养出更多具备创新能力的人才。即便师范生毕业之后不从事教师职业，也会脱颖而出，在激烈的竞争中立于不败之地。

2. 在全校范围内扩大创新创业教育理念的影响

地方本科院校需要在全校范围内开展创新创业教育，将创新创业能力培养纳入人才培养方案，确保创新创业能力的培养贯穿于日常的学习和实践中，让创新创业能力的培养深入人心。

3. 促进师范教育向教师教育发展

师范教育向教师教育的转变体现的是教师培养的开放性、终身性，以创新创业为引领的教师教育的发展，不仅仅是教师培养的创新，更是一场自主革命，从顶层设计上创新，通过转变理念来完善机制体制，促进教师教育的发展。

（二）课程层面——加强创新创业教育课程体系的构建

师范生创新创业能力的培养需要以建立完备的课程体系为前提，当前教师教育专业课程正在改革当中，尚未形成完善的课程体系，需要继续加强创新创业教育课程体系的构建，实现师范生的创新创业能力的提升。教师教育专业课程体系以公共基础课、专业课、实践课、学科基础课为主要组成部分，一般来说在大学第一年会开设面向全体师范生的大学生创业基础课程，这样可以使师范生对创新创业理论知识有初步了解，也可以提升师范生创新创业的可能性。到了大学第二年，可以在学科基础课程中加入创业内容，通过生动的案例来帮学生掌握学科与创新创业的关系。大学第三年可以开设面向全体师范生的选修课，如"SYB"（创办你的企业），教会学生创办企业的思路与实施方法，进一步提升学生的创新创业能力。对于师范生的实践课，可以让学生开展创新创业相关的社会调查，对创业者进行专题采访，开展教学改革学术研究，将创新创业的相关内容融入其中，培养学生的创新能力。

创新创业教育课程体系的一个特点是，一方面针对全部师范生开展基础性的创新创业课程，增强其创新创业能力，另一方面针对师范生的不同的兴趣及能力对其进行培养，使其在该领域取得长远发展。其次，创新创业教育课程将创业教育进行阶段性划分，根据师范生学习的特点，遵循教育教学规律开展。最后，创新创业教育课程体系的特点表现为创新创业课程的地位得到了提升，被纳入学分管理，这使得师范生的创新创业能力得到重视。

（三）实践层面——加强师范生创新创业实践

在实践层面，要加强师范生创新创业实践，需要积极建设创业实习基地。当前地方本科院校及师范院校所采用的是师范生创新创业实践模式为"教育实习基地"、教育实习，其中教育实习指的是与中小学合作开展的稳定的、规模化的实习模式。这些实践模式的优点在于专业对口、针对性强、统一安排，但缺乏灵活性，也难以满足师范生多元化的需求。因此，要加强师范生创新创业实践，需要充分挖掘校内资源，同时还要对接校外有利资源，开展多方合作，协同育人，如开设"大学生科技园""校企合作基地""众创空间""教育实习基地"等，对这些实践主体进行整合，形成"创业实习基地"，进行统一管理，以实现多元互动。

师范生在这一"创业实习基地"内，可以根据自己的意愿选择，他们可以到中小学实习，也可以到培训公司实习，还可以尝试创业。这样就构建起丰富的创新创业实践体系，在此基础上还可以不断拓展。

（1）举办创新创业沙龙。

（2）举办创新创业讲座。

（3）开展创新创业调查。

（4）创办创新创业协会。

（5）开展创业沙盘模拟活动。

（6）开办创新创业俱乐部。

（7）指导学生参加创新创业大赛。

通过开展丰富多彩的实践活动，师范生可以将所学知识进行运用，积累创新创业经验，提升创新创业能力。

创新创业实践是提升师范生创新创业实践能力的根本路径，下面以众创空间为例，介绍师范生提升创新创业能力的实践路径。

创客空间致力于提升学生的创新创业能力，需要学生亲身经历与实践，并最终形成稳定的能力。学生通过亲身实践，一方面激发了自己学习知识的动力，另一方面也提升了自身的创新创业能力，这些能力涉及团队建设、商业设计、信息使用、人才管理、财务规划等内容，只有亲身经历之后才能获得创新创业的灵感以及成就感。因此，在开展众创空间时，要注重地方本科高校师范生的亲身体验，让其从实践中获得体验与灵感，这样才能更好地进行创新创业。

众创空间为师范生的创新创业能力培养提供了平台支持。近年来，众创空间发展迅速，众创空间与科技企业孵化器、加速器共同组成的创新创业孵化链条，孵化出众多的创业团队和初创企业。近年来，地方本科高校也联合地方企业、学校发展众创空间，为大学生的创新创业能力的提升提供了条件。

针对师范生的众创空间，可以根据学校的学科特色构建专业创新平台，如有的地方本科高校的众创空间在设立之初就注重学科的专业特点，将功能进行了划分，如根据化学、生物等学科的特点，面向师范生设立了科普创新功能区域，这一创新功能区域不仅可以向社会大众以及中小学学生进行科普教育，还可以锻炼师范生的实践能力，为进一步创新打下了基础。

第三节 校园实践——校园文化活动开展策略

校园文化活动的开展是推动高质量教师教育实践教学建设的一个重要途径，是除学校课堂教学活动之外的重要的活动，通常能通过学校的文化氛围、文化活动、文化环境、学校教职工以及学生共同的行为方式等对实践教学产生推动作用。校园文化主要包括以下内容（图5-2）。

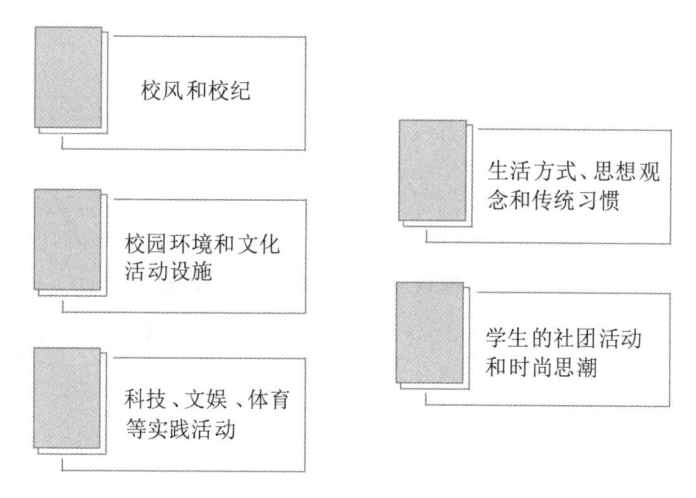

```
┌─────────────┐
│  校风和校纪  │
└─────────────┘

        ┌──────────────────┐
        │ 生活方式、思想观 │
        │ 念和传统习惯     │
        └──────────────────┘

┌─────────────┐
│ 校园环境和文化│
│ 活动设施     │
└─────────────┘

        ┌──────────────────┐
        │ 学生的社团活动   │
        │ 和时尚思潮       │
        └──────────────────┘

┌─────────────┐
│ 科技、文娱、体育│
│ 等实践活动   │
└─────────────┘
```

图 5-2　校园文化的主要内容

文化的显著特征在于它有着较强的感染力与渗透性，通过不同形式，将校园文化渗透在校园活动之中，体现在学校生活的各个方面，使得师范生在这个环境中有意、无意地受到校园文化的影响，从而在思想、行为、心理及生活方式方面发生改变。

地方本科高校的教师教育的职责是为基础教育培养教师人才，因此专业建设、校园文化活动应当体现出师范性。良好的校风以及丰富的校园活动能进一步提升师范生的人格魅力。

通过开展校园文化活动，可以加强师范生的思想道德建设，促进师范生综合素质的提升，进一步推动教师教育实践教学高质量发展。

一、教师评选活动

师范生的教育和培养离不开教师的指导与关注，教师们在具备广博的知识的基础上，以他们独特的人格魅力来吸引和影响广大师范生。学校可以通过开展"我心中的好教师"的评选活动，引导师范生关注优秀教师需要具备的特质，尤其师德师风。可以通过学院推荐及学生提名的方式确定候选人，以学术素质及教育指导为主要考察因素进行考察。可以通过网络投票，评选出学生心中受欢迎的教师。

（一）评选活动的目标及意义

（1）通过"我心中的好教师"评选活动，从学生视角挖掘优秀教师身上的特质。

（2）在开展"我心中的好教师"评选活动过程中一批先进教师的先进事迹被学生了解，这些先进教师所展现出来的优秀特质，值得师范生学习。

（3）"我心中的好教师"评选活动也激发了教师的积极性，使其主动提升自己的专业素养和能力，为学校的师范生培养作出更大的贡献，也在客观上推动了基础教育的发展。

（二）组织实施

评选名额一般为 10～15 名，一般两年举行一次。评选的流程为自由提名—参评候选教师公示—网上投票—统计数据—公示结果。

（三）教师评选活动的启示

教师评选活动是高校校园文化活动的重要内容，鼓励师生参与其中，一方面增强了教师的主动性，促使教师树立育人意识，切实发挥教师的指导作用。另一方面，通过使师范生在评价过程中基于自己对优秀教师的认识进行评价，形成对优秀教师应当具备的素养的基本认识。

二、良好学风的建设

校园文化精神的弘扬需要营造良好的校园文化氛围，需要充分发挥地方本科高校优秀师范生的模范带头作用，促进师范生整体的素质的提升。优秀师范生身上具有勤奋好学、奋发向上、积极进取的品质，因此可以开展校园"十大优秀学子"的评选活动，展示未来教师的魅力。

（一）活动的目的及意义

1. 表彰优秀学子，展现现代师范生的优秀品质

优秀学子在学校期间德智体美劳方面表现突出，在学习上积极主动，乐于探索，在交往中，热情礼貌、开朗乐观，在学术科研、道德文明及文体艺术上表现良好，这些学子展现出了新时代大学生的独特的魅力。

2.发挥示范作用，增强师范生的凝聚力

优秀学子影响着身边的人，他们对身边的同学起着示范作用，引导其他同学朝着正确的方向发展。所谓"见贤思齐"，这些优秀学子可以激发学生的学习热情，增强师范生的凝聚力。

（二）"十大优秀学子"评选活动的组织实施

1.活动组织

在执行委员会的统一指导下，制定相关的实施细则，形成以学校领导、院系领导、辅导员为主要组成成员的评审小组。坚持"公平、公正、公开"的原则，以统一标准、统一管理、统一流程为前提来开展评选活动。

2.活动流程

活动的流程如下：候选人申请—候选人资格审查—小组评审及群众投票—公众及媒体投票—综合评定—奖项设置—学校公示—颁奖典礼。

（三）"十大优秀学子"评选活动的启示

"优秀学子"身上有着相似的特质，这些特质是当代大学生的优秀品质。通过举办评选活动，为地方本科高校学生树立榜样，进一步引导学生向优秀学子学习。师范生从中也进一步加深了对师范生的相关优秀特质的认识，自觉规范自我行为，加强日常实践，实现自我认知水平及能力的提升。

第四节 校外实践——构建见习、研习、实习一体化教师教育实践教学体系

一、优化见习、研习、实习各阶段的工作流程

教师教育的实践教学主要涉及三个阶段，即见习、研习、实习，这三

个阶段在实践方式以及实践地点等方面有着明显的区别。当前教师教育活动的重点是在一体化的指导下，形成多元化的沟通平台，并促进从见习到研习、从研习到实习的有效衔接。

（一）见习阶段

这一阶段是师范生对教师职业产生初期印象的阶段，除了参观与考察之外，还应当培养师范生对所学学科及教师职业的热爱，激发学生主动学习知识与技能的热情。要改进见习阶段的教师教育工作，将工作的重心放在见习的任务及要求上，在保障见习的顺利开展的前提下，激发师范生的兴趣，使其主动参与见习实践活动。其具体的要求包括以下三点：

1. 做好听课笔记与观察记录

见习阶段是师范生首次走进实践基地进行实践活动，这一实践活动的重点是体验和观察，要求学生在实践活动中认真听讲，积极思考，做好听课笔记与观察记录。

2. 撰写教案及深入交流

师范生通过认真观察，生成教案，就教案内容及思想与指导教师进行交流，以实现学生撰写教案能力的提升。

3. 从讲课中获得直接的实践经验

在见习阶段，可以组织师范生进行一次讲课，人数较多，无法在有限时间内让全员讲课时，可以选出小组代表进行讲课，然后组织全员进行评课，使学生从讲课、评课中获得教学实践经验。

（二）研习阶段

这一阶段的主要任务是以见习中遇到的问题为导向，加强双导师的过程指导，全面开展研习实践。在研习阶段选择兴趣的部分，在教师的指导下加强解决问题的可行性，并指出其研究价值、可行的方法，之后形成课题申报书与工作计划。之后在双师的指导下，通过小组讨论、实地实践、网络会议等拓展课题的广度与深度，从而提升学生的研究能力，一般研习阶段以 2～3 人为一组，小组成员共同完成相关的课题，通过分组汇报的形式，进行研习成果的展示。

1. 加强研习项目问题的导向性

研习项目由学生自己选择，学生就研习的内容进行分析，包括问题研究的可行性与研究价值。对于学校的指导教师来说，引导学生从不同的角度来分析问题，并组织师范生以小组的形式来寻找解决的方式，并将问题意识融入具体的教学情景中，以提升学生解决问题的能力。

2. 注重过程性的指导

研习项目审批通过之后，学生正式进入研习阶段。在此过程中，学生往往将精力放在具体的实习任务的完成中。因此，在研习时，应当注重对其研习的过程进行指导。指导教师与师范生之间应通过交流平台进行交流与沟通，保障研习的顺利进行。

3. 优化研习项目分组

当前师范生实习的地点过于分散，导致其无法通过小组的形式开展研究。另外，一些师范生属于异地实习，这样无法与校内外导师开展交流，也客观上影响了研习项目的分组，阻碍了研习项目的进展。因此，在进行研习项目申请时，应当充分考虑后续的研究，确保其可行性。对于异地实习的学生，鼓励其与距离接近的学生组成小组开展合作，并加强与校内外导师的交流。

（三）实习阶段

实习阶段是教师教育教学实践的关键阶段，这一阶段可以有效促进师范生由学生转变为教师。这一阶段的教师教育内容包括以下三个方面：

1. 完善反馈渠道

实习阶段，需要积极搭建双导师与学生交流平台，促进市内实习、异地实习、自主实习的工作流程的通畅。另外，地方本科院校的教育质量主管部门应当不定期地对实习基地进行考察，从而将师范生、高校指导教师、基地指导教师三方联系起来，完善反馈渠道。

2. 丰富实习内容

该阶段的任务是不断丰富师范生的实习内容，拓展师范生的体验途径，在听课、评课、调查、班级管理以及教材开发等基础上，丰富实习内容，如整理教育项目的相关素材及文献，以帮助中学教师充实教学内容；围绕实习内容开展问卷调查，并完成毕业论文；分析班级学生的个人情况；承担学校社会活动协助工作等。

3.诊断与反馈

针对不同的实习，分别进行总结与汇报，由双导师进行评价，并撰写实习总结报告，挖掘每一位师范生的教育教学特长。

二、促进一体化教育实践模式的生成

教育见习、研习、实习一体化的实践模式，是一个整体的、循序渐进的教学实践模式，三者的一体化发展能有效提升各个环节的实践效率，教育见习、研习、实习一体化实践模式包括以下三个方面的内容：

（一）统筹教育实践工作

为了促进教育见习、研习、实习一体化实践模式的开展，需要组建教育实践联合领导小组，负责统筹各项事务的管理，监控整个流程，促进见习、研习、实习的效率的提升。

教育实践联合领导小组是师范生见习、研习、实习的管理主体，对其教育实践起着监督、管理、协调作用。教育实践联合领导小组的组建应当包括以下几个方面：

1.小组成员及分工

教育实践联合领导小组的成员应当以教务处工作人员为主体，此外还包括各学院负责管理教育实践的领导、实践基地的分管领导、校外兼职导师，这些成员按照一定的比例组成教育实践联合领导小组，共同管理教育实践，监控其全过程。

小组应当明确成员之间的责任分工，促进各项工作的各个环节的顺利开展。教育实践联合领导小组还应当听取实践基地领导、校外兼职导师的意见，并赋予这些领导以一定的决策权让其真正参与决策，使得师范生在教育实践中掌握真才实学，以实现能力的全面提升。

2.小组工作内容

教育实践联合领导小组除了统筹各项工作之外,其工作还包括实践计划的制订、实践工作的落实、实践关系的协调、实践过程的监控以及实践结果的评估、开展实践指导教师的培训、促进相关人员的交流与沟通、优化实践工作等内容,小组成员做好分工范围内的工作的同时进行合作,促进教育实践的发展与师范生各项能力的提升。

3.小组资金保障

当前,多数的教育实践经费由地方本科高校承担,因此实践基地的地位及作用没有充分显示出来。应当鼓励高校及实践基地共同承担教育实践的费用,可以建立基金会,包括校友基金、校外导师基金等,为教育实践基地提供资金上的保障。

(二)加强见习、研习、实习三个阶段的衔接

应通过改进实践模式,加强见习、研习、实习三个阶段的有效衔接。

1.见习阶段应加强各次见习的衔接度

见习一般有三次机会,在每次见习开始之前,需要制定详细的见习计划,确定观摩的目标,之后将总的目标细化为各个具体的目标,在完成见习后会考察见习目标的达成度。这些目标指导学生完成阶段性的能力提升,第二次见习会使学生在第一次见习获得能力的基础上继续提升,第三次见习会使学生在第二次见习获得能力的基础上进一步发展。因此,应当加强三次见习的衔接度,使其形成一个有机的整体,达到不断提升学生能力的目的。

2.促进教育见习与教育研习的衔接

研习是建立在见习的基础之上的,是对师范生在见习过程中遇到的问题的有效"研习"。当第一次开展教育见习时,应当有意识地引导师范生发现见习中的问题,并引导师范生发挥主观能动性,利用其所学来解决实际问题,促进师范生研究意识及研究理念的发展。

3.加强教育研习与教育实习的衔接

研习项目立项之后,教育实践联合领导小组应当对教育实习期间的

实习内容及实习要求加以规范和说明,并以小组为单位,进行研习。研习过程中,还要开展中期考核,及时把控研习项目的质量,确保其顺利结题。

(三) 形成师范生实践成长档案袋

师范生的见习、研习、实习贯穿于教师整个职前教育,且对这些实践的评价与指导不仅关系到师范生的成绩,还关系着师范生未来的求职,从长远来看,也关系到师范生走上岗位之后的适应程度。

1. 教育实践应遵循的原则

在评价与指导师范生的教育实践时,应当遵循以下三大原则:

(1)科学性原则。需要定性评价与定量评价相结合,克服随意性,坚持科学性,提高评价的科学性。

(2)目的性原则。教育实践的评价应当有明确的目的,其发展目的为提高实践效果、促进师范生发展。在师范生教育实践过程中要始终围绕这一目的展开实践,采用合理的评价方法,选择合适的实践内容,引导师范生在实习中发现问题并解决问题,使其明确之后的发展方向。

(3)绩效性原则。坚实绩效性原则,指在教育实践中,既要考察师范生的各项能力、目标达成度,又要考察师范生在教育实践中的表现,包括态度、情感及日常表现促进师范生的综合素质的提升。

2. 制作实践成长档案袋

根据以上原则,可以形成师范生实践成长档案袋,以此记录师范生教育实践的成绩及成长的轨迹。中国台湾某大学在对师范生进行综合性的评价时,实施的是见习、研习、实习一体化的实践模式,为每个师范生制作了"师范生实践成长档案"。学生通过见习获得体验之后进行实习,实习之后与指导导师交流经验,当实习结束之后,其档案也就随之形成。

一般来讲,档案袋包含三部分内容:

(1)教育实践的计划、说明、流程。这一部分主要记录的是师范生对实践的计划以及看法,展现的是师范生对教育实践的整体认知。

(2)教育实践过程。这一部分主要是记录教育实践过程,包含的内容有教育实践教案、班主任工作日志、听课评课记录、研习项目报告等,这些都能反映师范生教育实践结果，用来客观记录师范生的成长轨迹。

（3）师范生的反思记录。反思记录的内容主要包括对见习、研习、实习过程的记录及对目标达成情况的记录，最能体现师范生的能力提升的过程。

师范生实践成长档案袋不仅具备《教育见习手册》《教育实习手册》的作用，还可以结合网络平台的使用，形成交互式的学习环境，促进师范生能力与素质的全面提升。通过师范生实践成长档案袋，可以推进职前、职后教育一体化，提升基础教育教师的能力和素质，促进基础教育的发展。

三、健全一体化工作制度

所谓一体化的工作制度，是在教育见习、研习、实习一体化的基础上生成的工作制度，通过涵盖全过程的工作制度、指导教师工作制度、多元化沟通交流平台，实现教育见习、研习、实习一体化。

（一）涵盖全过程的工作制度

制定涵盖教育实践全过程的工作制度，其主要内容如下：
（1）实践模式的地位与作用。
（2）实践模式的内容。
（3）实践模式的形式。
（4）实践模式的任务与要求。
（5）实践模式实施过程中的各方的责任。
（6）实践模式实施纪律与规范。
（7）实践模式评价体系。

这种工作制度针对教育实践的全过程，包含见习计划、基金管理、请假制度、实习计划、实施方案、教学管理办法等内容，一定程度上提升了教师教育实践的管理效率。

（二）指导教师工作制度

进一步推进校内外双导师制的落实，拓宽指导教师的指导形式，助力学生发展。

1.完善指导教师的选聘制度

指导教师分为校内教师和校外教师两种类型，对于校内指导教师的选聘，应当着重考察教师对基础教育的了解程度，以更好地利用高校资源、基础教育资源来提升学生的实践能力；还需要考察教师的安全责任意识，以便更好地引导师范生进行安全教育实践。

对于校外的指导教师的选聘，可以从中小学特级校长、特级教师中选择出若干特聘教授，选择在一线教学的名校长、名师组成兼职导师团队，直接对师范生进行指导。但外聘教师的名气不一定与指导效果成正比，因此在选聘校外指导教师时，应当进一步完善选聘的原则及程序，对指导教师进行全面的考察，包括指导教师的业务水平、指导能力及责任担当，其中责任担当及指导能力是选聘校外指导教师着重强调的。

2.落实指导教师的责任制度

对校内、校外指导教师的具体职责进行分工，建立权责明确的指导教师责任制度，形成岗位责任书，明确规定各指导教师的职责、工作内容、奖罚制度等，增强指导教师的责任意识。

3.强化指导教师的激励机制

只有建立起完善的激励制度，才能保障指导教师的工作积极性，应当强化指导教师的激励机制，从岗位津贴、科研基金、荣誉称号、专家指导、项目扶持等方面着手，通过这些激励手段来形成稳定、有力的指导教师队伍，来指导师范生的教育实践。

（三）多元化沟通交流平台

地方本科高校还应当整合各方资源，建立多元化沟通交流平台，通过在网络上进行研讨、调研等促进各种教育实践的发展，从而提升教育的自主性、互动性、探究性。

1.搭建网络交流平台

地方本科院校针对教育见习，建立了网络交流平台，师范生通过网络交流平台进行在线学习、在线交流与互评。通过搭建网络交流平台，促进师范生的教育实践范围的扩大，建立起集见习、研习、实习于一体的实践信息资料库，不断提高师范生教育实践水平。

2.搭建研讨平台

研讨平台的搭建，有利于形成师范生、校内外导师平等对话与协商机制，在集体研讨中进行理论学习、思想交锋、智慧分享，从而形成实践共同体，实现共同发展，同时也有利于教育实践模式的创新发展。

3.搭建与完善监督指导平台

所谓监督指导，指的是地方本科高校行政管理人员和专家在实际的教育实践场景中，与基地学校成员以及实习师范生进行面对面的交流。这样，一方面可以及时发现问题，并制定出有效的策略来解决问题，另一方面有利于加强与基地学校的联系，建立起真正互惠互利的教育实践模式。

第六章　地方本科高校高质量教师教育者队伍建设

培养师范生的教师称为教师教育者,地方本科高校的教师教育者队伍建设是构建高质量教师教育体系的重点。地方本科高校通过培养创造型教师教育者可以促进创造型师范生的培养,通过建设高素质、专业化的教师教育者队伍,建立教师教育者创新发展团队以及构建教师教育学术支持平台,可以促进教师教育者发展。

第一节　教师教育者队伍建设的现状及发展趋势

一、教师教育者队伍的现状

2021年,教育部等六部门印发了《关于加强新时代高校教师队伍建设改革的指导意见》(以下简称《指导意见》),《指导意见》提出了加强高校教师队伍建设的20条重点举措,涵盖8个方面的内容。

一是明确新时代高校教师队伍建设的指导思想和目标任务。

二是提升教师思想政治素养和师德素养。

三是着力提升教师专业素质和能力。

四是完善现代高校教师管理制度。

五是切实保障高校教师待遇。

六是优化完善人才管理服务体系。

七是全力支持青年教师成长。

八是加强高校教师队伍建设保障。

《指导意见》是指导加强新时代高校教师队伍建设改革的综合性政策文件。教师教育者队伍的建设需要紧跟时代步伐，不断发展。当前，教师教育者队伍建设经过大量的实践，取得了一定的成果，表现在以下几个方面：

（1）教师教育者队伍的数量不断增加。

（2）教师教育者队伍的学历层次不断提升，结构不断优化。

（3）教师教育者队伍朝着专业化发展。

（4）教师教育者的知识结构不断拓展。

（5）教师教育者的教学模式、教学组织形式及教学方法趋向多元化。

（6）教师教育者的服务意识逐渐增强，实践教学能力进一步提升。

总的来说，教师教育者队伍建设有了发展，为教师教育者的专业化发展奠定了基础，但仍然需要看到教师教育队伍建设存在着短板，有待进一步加强。

二、教师教育者队伍的发展趋势

（一）教师教育者队伍的学历进一步提升

1.学历层次

舒尔茨的公式定量揭示了学历的能级差异，一般情况下，学历的层次越高，其学识也越高。教师教育者的高学历比例越大，标志着高校开展教师教育的人才基础越好，且专任教师的学历结构直接影响着教师教育者队伍的整体业务素质、学术水平。未来教师教育者的学历层次将进一步提升，表现为教师受过良好的教育，能掌握所教学科的基础理论、专业知识，能胜任新时代背景下的教学工作及科研工作等。

2.学历结构

当前教师教育者中，获得博士学位的教师无论在数量还是比例上都有了较大的变化，其结构逐渐从以往的"金字塔"型向着"橄榄球"型发展，有的学校向"倒金字塔"型（获得博士学位的占大多数，其结构依次为博士、硕士、学士）发展。

（二）教师教育者培训的终身化

随着终身学习理念的不断渗透，教师的职后培训显得尤为重要，长期以来，教师的培养常常注重教师职前的培养，忽略了教师职后的培养，而终身学习强调将职前教育与职后教育有机结合在一起，使得教师教育贯穿于教师的整个职业生涯。

高校教师教育要适应基础教育的发展及社会发展的需求，需要优化各学科结构，提升教师的科研水平。而要进行学科建设，需要由有学术造诣、有开拓精神的学科带头人以及优秀的骨干教师组成学科研究小组。科学带头人拥有较高的学识水平、较强的研究能力及教学能力，其本身的需求是在现有的水平之上进一步提高自我的学术修养，掌握学科动态，掌握前沿理论知识。对于优秀的骨干教师来说，他们的需求主要是实现自身的发展，是专业知识在深度与广度上的拓展，是进一步提升教学能力及研究能力。优秀的骨干教师不仅是科研上的重要力量，还是教学上的中坚力量，他们富有朝气，思想活跃。因此，培训的内容集中在现代教育理论、教学技能、教学技巧、科研能力上。

对于教师教育学科本身而言，基础学科的教师培训的需求主要集中在专业知识深度的拓宽上，新兴学科和交叉学科的教师，其需求主要体现为掌握学科发展的新动向、新成果，不断拓宽知识面，促进知识结构的优化。

培训是教师职后提升的重要途径，同时也是终身学习理念的具体体现。从教师个人来看，培训可以帮助教师更好地实现自我价值，增强归属感与责任感。对于学校来说，培训可以有效加强教师教育者队伍的建设，师资队伍整体水平的提升也从客观上增强了学校的综合实力。

当今社会瞬息万变，其知识的更新速度越来越快，作为教育者，作为未来教师的培养者，教师教育者应当加强培训，更新自己的知识结构，只有掌握了新的理论知识与实践技能，才能以更加有效的方式培养师范生，实现师范生的综合素质的提升。

（三）教师教育者的学缘结构多元化

教师队伍建设中，专业、岗位、学习经历、毕业院校、职称等的比例不同，造成高校教师队伍的结构不同，因此要把握教师教育者队伍的学缘结构，促进教师学缘结构的个性化、多元化、差异化发展。

教师队伍学缘结构主要从以下三个方面优化：

（1）在教师招聘时，注重教师队伍的多元化，即从不同的学校招聘教师。

（2）引进不同区域的高学历、高职称人才。

（3）请一流大学的顶级专家到学校讲学，以此来了解学科的发展前沿动向，进一步引领学科发展，促进学科体系的成熟。

（四）注重教师教育者的综合素质

教师除了需要具备完整知识结构之外，还要有高尚的品格，另外教师教育者还要加强综合素质的培养，教师的一言一行能体现出自身的综合素质，无时无刻不在影响着学生。

现代教育事业飞速发展，学科与学科之间的联系越来越密切，未来学科的综合性越来越强，通常一名专业教师需要涉猎多学科的知识，掌握多学科的技能，备较强的综合素质，具备创新能力与应变能力。

（五）依托信息技术开展教学和学习

现代信息技术的发展，使其在各行各业中有了广泛的应用，促进了教育的现代化。高校教师依靠网络开设了网络专业课程，可实现远程教育与培训。同时，教师也可以根据自己的时间、兴趣来选择课程进行深造，以使教学工作顺利开展，使自己不断发展。

第二节　创造型教师教育者的价值与培养策略

近年来，创新型教师被社会广泛接受，成为创新型教师是社会及教育界对教师提出的更高的要求。教师的创新教学能力成为教师的重要考察标准，开发学生的创新能力与创造能力成为教师教育的重要使命。

一、创造型教师的内涵

(一) 创造型教师的定义

要培养创造型的学生,就需要教师具有创造性。创造型教师指的是能够掌握并且能熟练运用教育理论、策略、方法、技术等,营造出能激发学生创造力的学习氛围,指导学生进行创造力开发的教师。

(二) 创造型教师的特征

创造型教师具备的特质是能及时掌握最新的教育研究动态,学习前沿知识,并将其运用到教育教学活动中,将自己独特的教育理念运用到教育情境创设中去,增强学生的创造力。

创造型教师的特征包括三个方面的内容:

首先,创造型教师拥有成熟的教育思想。创造型教师熟悉中外著名的教育思想及教育学基本理论,并用这些思想和理论来指导实践。从整体上看,创造型教师是一个具备独立思想的教育工作者。

其次,创造型教师具备基本的教育学理论及教育相关技能,并表现出较强的创造性,能不断开发学生的创造力。

最后,创造型教师熟悉相关的创造学知识,能指导学生开展实践活动,并在实践中表现出较多的创造性,有利于学生创造力的培养。

(三) 创造型教师素养结构

知识与能力的综合表现构成了创造型教师的素养,对创造型教师素养构成进一步细化,可将人格特征、教育理念、知识结构、创造教育能力等因素视为创造型教师素养的基本组成要素。

1. 人格特征

创造型教师具备着创造型的人格特征,具体表现在情感、认知、意志、动力上(图6-1)。

情感
在情感上，表现为热爱学生、尊重学生，具有崇高的职业理想。

认知
在认知上，表现为观察敏锐、思维灵活、想象丰富、富有才识。

意志
在意志上，表现为自信、独立、当机立断、具有开放的态度。

动力
在动力上，表现为好奇心强、求知欲旺盛、兴趣广泛。

图 6-1　创造型教师的人格特征

2. 教育理念

所谓教育理念，指的是教师在教学过程中形成的关于教与学的某种倾向、看法和观点。教育理念直接影响着教师的直觉与判断，进而影响着他们的教育行为及态度。创造型教师一般具有科学的教育理念，能指导教育实践，使得教育实践过程具有创造性。

创造型教师的创造力培养观是开展创造性教学、培养学生创造力的前提，是教师进行创造性教学的根本依据，指导着创造性教学的具体行为。创造型教师的创造力培养观是在具体的教学活动中形成的，围绕能否培养创造力以及如果培养创造力等问题展开。

科学的教育理念包括学生观、教育观、教学观、人才观等，其中重要的两个方面是教育观和学生观，教育观决定着教师是否将创造力的培养作为首要目标；学生观决定着教师能否理智科学地认识学生，培养学生的创造力。

（1）学生观。学生观是教师对学生身心特点、发展潜能、素质目标和评价标准等的看法和观点，它直接影响着教师的教学行为，并对学生创造力的培养有着重要的影响。创造型教师需要树立科学的学生观，充分尊重学生的主体地位，认识到学生是独立的个体，具有完整性、发展性以及个性。因此，创造型教师在具体的教学实践中要注意保护学生的好奇心，满足其求知欲与好奇心，鼓励学生发挥自己的想象力与能动性，培养自己的创造力。

（2）教育观。培养创造型的人才是教育的目标之一，要达到这个目标，就要在教学中激发学生的创造力。创造型教师需要具备这样的理念，为学生创设有助于发挥学生创造力的教学情景，帮助学生提升自身的创造力。

（3）教学观。创造型教师需要将以教师为主的教学观转变为以学生为主的教学观，注重提升学生的实践能力，重视学法的探索，注重过程化教学，促进学生的全面发展，培养创造型、创新型人才。

（4）人才观。创造型的教师需要建立不同维度的人才衡量标准，转变统一的人才观，要善于看到学生身上的独特性，挖掘学生的内在潜能，为创造型人才的培养创造一切有利条件。

3. 知识结构

作为创造型教师，需要具备合理的知识结构，知识结构包括专业知识、教育学知识、心理学知识、科学文化知识、创造学知识等。

（1）专业知识。创造型教师要掌握本学科的专业知识与技能，熟悉学科的发展脉络，了解当下学科的发展状况以及未来的发展趋势，掌握科学的教学方法，因材施教。

一般情况下，教师掌握的专业知识越广泛，其教学的创造性越强。创造型教师不仅直接影响着学生对知识与技能的学习，更重要的是给学生提供新的视野，给学生带来思维、方法上的创新，促进学生的全面发展。

（2）教育学知识、心理学知识。教育学知识和心理学知识同样也是创造型教师应掌握的知识，系统的教育学、心理学知识能有效提高教师的教学水平，让其明白"如何教"，更好地培养学生的创造力。

创造型教师可以将学科专业知识创造性地转化为学生可以理解的知识，同时擅长运用教育学、心理学的相关知识来对学科教学进行思考，并根据教学实际，调整教学策略，通过重组等形式来提升教学效率，使学生能在有限的课堂教学时间内学到广泛的知识，为其创造力的发展提供条件。

（3）科学文化知识。创造型教师应当具备广博的科学文化知识，以适应不断变化的社会。创造型教师之所以需要不断积累科学文化知识，是因为学生的创造力的培养与教师的学识是否渊博、思想是否深刻息息相关。教师只有具备广博的科学文化知识，才能旁征博引，进一步培养学生的创造意识与创造能力。

（4）创造学知识。创造型教师应当掌握与创造相关的原理，尤其是创造性教育的相关方法。

4. 创造教育能力

所谓创造教育能力，指的是教师在实施创造教育的过程中需要具备的能力，本质上是指以开发教育对象的创造力为目的的教育能力，是教师教育能力的核心。

二、创造型教师教育者的价值

在当前社会快速发展的大背景之下，需要更多的人才来建设社会主义现代化国家，因此对培养人才的高校提出了新的要求，这些要求中创新精神及创造能力是核心内容，直接决定着未来我国经济发展的模式。学校作为人才的培养基地，不仅仅发挥着文化传承的作用，还需要培养学生的创新精神与创造能力。教师教育者是否具备创新意识和创造能力，直接影响着师范生的创造力的高低。新的时代呼唤创造型教师，地方本科高校需要不断改革，以实现创造型教师队伍的建设，培养出创造型学生。

创造型教师教育者有着非凡的价值，主要表现在三个方面：

（一）国家层面，创造型教师教育者为创新人才的培养服务

无论是原始社会、农业社会、工业社会，还是信息社会，其发展都离不开人类的劳动与创新，如果没有创新，人类历史就不会向前发展。当下社会的发展离不开创新，且创新已经成为世界范围内推动经济发展的重要动力，世界各国都将自主创新能力作为转变经济增长方式、优化经济结构、提升国家竞争力的重要手段。

我国虽然是人才大国，但离人才强国还有一定距离，其根本原因在于人才自主创新能力有待进一步提升。党和国家非常重视自主创新能力的培养，确定了建设创新型国家的发展战略。

建设创造型教师教育者队伍可以培养出更多具备创新精神与创造能力的创新人才，从而为基础教育的发展注入创新动力，而基础教育本身就是整个教育系统的重要组成部分，基础教育的发展将为培养创造型人才奠定基础。

（二）教育层面，创造型教师教育者推动教育创新

教育的根本目的是培养人才，当下教育的根本目的就是要培养具有创新精神与创造能力的人才。教育产生于人类的生产劳动，是传承社会文化、传递社会生活经验和生产经验的途径。在早期社会，由于社会生产力低下，人类的生产及生活方式发展缓慢，一些被实践证明有效的经验被不断复制并传承下去，因此教育一定程度上等同于传承。

到了现代社会，尤其随着知识经济、信息时代的到来，科技与创新推动人类社会进入新的阶段，教育层面上，之前占主导地位的模式已经不能适应当下社会的发展，于是创新在这一背景下被提出，成为新时代背景下教育发展的根本动力。面对纷繁复杂、瞬息万变的世界，教育需要引导人们培养发现问题、解决问题的能力，促使其创新能力的发展，因此教育的目的是培养学生的创新能力，教育需要创新。

（三）教师教育层面，创造型教师教育者促进创造型师范生的培养

教育自产生之时起，就必然有人需要扮演教育者的角色，但教育产生之初的教育者与现代意义上的教师有一定的区别。在之前"长者为师""以吏为师"等普遍存在，如19世纪早期的美国社会，对小学教师的要求并不高，几乎所有的人都可以从事教师工作。随着教师职业逐渐向专业化方向发展，教师教育培养出来的教师成为基础教育教师的主要来源，而教育要培养出大批创新型人才，也必然需要培养具备创新精神及创造能力的师范生。实际上，当下高校将教师教育等同于学科教育，注重学生对专业知识的学习，而忽略了其他方面的教育，这样培养出来的师范生只能是知识的"传声筒"，缺乏自主创新性与创造性。

高校教师教育专业教师需要具备创新能力，不仅要专业知识扎实，还要懂得教育机制，善于旁征博引，创新性地将知识教给学生，使学生融会贯通。高校教师教育专业教师应当转变传统的教师培养模式，发挥创新的作用，适应不断变化的环境。因此，要培养创新型的师范生，其教师必须具备创新能力，具备激发学生创造性的能力。

三、创造型教师教育者的培养策略

要培养创造型人才,需要培养创造型的教师教育者,这是高校培养创造型人才的新任务,要培养具有创新精神与创造能力的教师教育者,可以从以下几个方面入手:

(一)开展教师教育者的相关创造力培训,树立科学的创造力开发理念

创造力并非为少数人专有,每个人都具有创造的潜力,而要完成潜力向能力的转化,需要通过教育手段再加上一定的训练。刘道玉在他的《创造教育概论(第三版)》中提到了创造力,他说:"创造神秘论者把创造看成是高不可攀的事,认为只有少量天才人物才有创造力;不赞成创造神秘论者认为,创造力是一个多层次的思维心理现象。"现有的大量的实验研究证明,创造力的开发具有有效性,教师如果能有意识地创设问题情景,鼓励学生自我探索,可以有效提高学生的创造力。

国内的学者也赞同创造力开发的有效性这一观点,认为无论进行学科教学还是采取专门的训练策略,都能有效地培养学生的创造性思维能力,从而提升他们创造性地解决问题的能力。在实然状态下,学校教育一定程度上阻碍了创造力的开发,在应然状态上,学校教育应当担起培养学生创造力的重任,加快培养具有创造力的学生。

当学校教育根据学生实际情况进行改革,教育与创造性研究结合在一起,那么学校教育就能很好地培养学生的创造力。毋庸质疑,学校教育的调整离不开教师队伍的调整,教师队伍的建设过程中,需要教师对创造力形成正确的观念,同时高等院校应当建立教师教育者的专业发展平台,依靠平台、培训等促使教师教育者具备创新精神以及创造能力,促进学生的创造力的发展。

(二)进一步完善教师教育专业的内部治理机制,提供稳定的环境

一般来说,创造力并非一种可以迁移的能力,而且只在某些特殊的领域得到广泛应用,因此创造教育并不完全是具有普遍性的通识教育,而需

要融入学科专业教育之中来培养学生的创造力。

就教师教育本身来说，其人才培养的特殊性在于，教师教育专业人才的培养需要高校的多个院系之间的相互配合。这是因为教师教育专业与其他专业相比，其培养更加复杂，创造教育需要与学科专业教学结合，也需要与教育专业教学结合。

对于教师教育专业来说，创造教育与学科教育相结合的最终目标是实现创造教育与教师教育的结合。教师教育与创造教育的结合的目的不在于培养该学科领域中的创造力，而是将创造力培养与学科内容结合起来，以一种独特的方式引导学生培养创造能力，从而为学生成为未来的教育专家奠定基础。为了加快培养创新人才的步伐，有的地方本科高校开设了创新学院，培养和开发大学生的创造力。可以说，创造教育是近几年来高校发展教师教育专业的一大趋势，但具体的实践过程中遇到了阻力，使得创造教育发展缓慢。

所以，学校在制度层面上应当进一步完善内部治理机制，促进创新教育及学科教育之间的联动，这样不仅能充分发挥创新教育的作用，还能极大地调动院系的主观能动性，为创造型教师教育者提供良好的环境，促进创造型教师教育工作的可持续发展。

（三）鼓励教师教育者的自我研究

自我研究的概念被引入教师教育中是在20世纪90年代。1992年，美国全美教育协会召开了主题为"拿起镜子：教师教育者对自身教学进行反思"的会议，呼吁所有教师教育者加强自我研究，深切体会教师教育者作为示范者的角色，并从角色中找到职业与身份认同，从而利用内驱力促进其专业发展。教师教育者的自我研究不仅可以改进教学方法，提升教育质量，还能提升教师的职业尊严，丰富教师教育者的生活，从而获得自我的不断提升。

教师教育者的首要角色是示范者的角色，要求教师教育者是学生的表率、社会的楷模，同时也是课堂教学的示范者、教育教学研究的先行者以及道德伦理的示范者。在专业理念、专业知识、专业能力、师德、终身学习上，教师教育者需要作出表率，通过教来实现师范生从学到教的能力的转化。教师教育者通过自身的示范，将感性的、极具个性的实践性知识清晰地表达出来，以实现教师教育者的自我研究，自我研究探索过程也是培养创造力的过程——教师的创造力越来越强，师范生的创造力也会在师生合作模式下生成，为师范生将来进入教师行业工作打下良好的基础。

第三节 地方本科高校创造型教师教育者队伍的培育

为了适应新时代高质量教师队伍建设的要求，有效推进教师队伍建设的改革，需要做到思想上坚持立德树人，行动上坚持教书育人，举措上坚持以管理、保障促进发展，以此来加强地方本科高校创造型教师教育者队伍建设，实现其在新时代的转型。

一、全面建设高素质专业化的创造型的教师教育者队伍

（一）坚持立德树人

1. 坚持党对教师队伍建设的领导

教师队伍的建设对教育工作的开展有着积极的意义，而要让教师队伍建设工作顺利开展，需要坚持党的全面领导，教师教育者队伍的建设同样也离不开党的领导，党建工作非常重要。

加强教师教育者队伍的党建工作，需要做到以下几个方面：

首先，加强教师教育者队伍的建设，广大党员教师需要牢记党的宗旨，坚定正确的政治方向，以建设有中国特色的社会主义的理论武装自己，不断提升自己的政治觉悟及思想觉悟。

其次，教育部门还需要加强对马克思主义理论的学习，以马克思主义思想为指导，积极贯彻党的关于教育的方针与政策，办好学校。

作为学校教育教学工作的主要力量之一的教师，也必须学习新时代中国特色社会主义思想，学习马克思主义，提升政治上的觉悟。

2.以师德师风建设为主

师德建设包括三个方面的建设,分别为"明大德""守公德""严私德"。

"明大德"指的是明确将为党育人、为国育才作为教师使命。

"守公德"指的是教学过程中要关爱学生,以学生为本,勇于担当。

"严私德"指的是规范自己的行为,心存敬畏。

师德建设重在明察,难在坚守,师德师风建设的意义重大,直接关系到教师队伍素质的提升。师德建设需要进一步完善制度,具体指的是以下几方面的建设:

首先,教育部门需从教育、考核、宣传、监督、惩处、奖励六个方面建立起完整的师德师风体系,并需要进一步落实教育监督工作,促进日常教学工作的顺利开展。

其次,教育相关部门应当重点建立一批师德师风培训基地,学习优秀理念,坚持科学方法,将教师教育者培养成先进思想文化的传播者、社会主义的支持者、学生健康成长的引导者。

最后,教育部门需要推进师德师风建设,推动师德师风建设常态化,建立师德师风建设的长效机制,将师德师风引入考评机制中,增强教师学习师德师风的积极性。

3.培育以教师教育情怀

作为未来老师的老师,教师教育者需要具备一种情怀,这种情怀表现为不仅坚持理想及信念,还要有一定的思想境界。教师情怀体现为教师内心热爱教育教学,关心学生身心健康成长,终其一生追求专业发展。教师教育情怀则是教师在教书育人的过程中,不仅教给学生专业知识与技能,还培养学生的教育信念、教育精神等。

教师的教育情怀是教师的真诚、真心、真情等在教学过程中的体现,教师需要具备大教育观,以此来指导教学行动,以实现学生的全面发展。

(二)强化师资队伍建设

1.建设高素质的教师教育者队伍

当前教育的发展需要实现优质均衡发展,教师队伍整体素质有待进一步提升，以实现教育现代化，进一步缩小区域、城乡及学校之间的教师素质差异。

要建设高素质的教师教育者队伍，可以从以下几个方面入手：

（1）源头。不断提高教师准入门槛，选取优秀的人才加入教师教育者队伍，进一步完善队伍的结构。另外，不断推进教师教育的发展，利用现代互联网技术，推进教育数字化，构建全新的教师教育体系。

（2）理念。不断强化终身学习理念，鼓励广大教师教育者坚持终身学习理念，在不断学习专业知识与技能的基础上，开阔视野，跟紧时代发展潮流，利用新科技，开发科技与教育结合的新教学方式，将教师教育者打造成新时代学习型教师，这样在教学过程中，教师教育者可以大大提升教学效率，促进师范生素质的全面发展。

（3）体系。善于梳理各级各类的教师专业发展情况，开展教师教育知识与技能、理念与情怀的教育，促进教师教育的专业化发展。另外，还可以建设各类学习圈，方便教师开展交流合作，推动教师技能、素养等方面的发展。

（4）标杆。教师教育者队伍中需要教育家型教师及管理者，高校需要尽可能地吸引高精尖人才加入教师教育者队伍，为其充分发展搭建平台，激发这些教师的积极性，使其投身到教育事业当中。

2.促进教师教育者队伍的专业化发展

促进教师教育者队伍的专业化发展可以从三个方面入手：

（1）专业信念。专业信念对于专业发展来说十分重要，居于核心地位，同时它也是衡量教师是否成熟的标志。教师在专业信念的驱动下，能不断提升自己的业务水平，从而产生强烈的教学效能感。

（2）专业知识与能力。专业知识是开展专业教学的基础，也是提升教师专业能力的前提。教师需要学习的专业知识包括文化知识、科学知识、教育知识、教学方法、教学理论等。

除了专业知识以外，还要不断提升专业能力，包括语言表达能力、理解能力、解读能力、呈现能力、重构能力、借鉴能力、教学能力以及创新能力等。另外，教师还要关注专业领域的发展动态，学习成功的教学经验，提升教学能力。

（3）信息意识。要建设高素质的教师教育者队伍，需要增强教师的信息意识，提高教师的信息能力，进一步提高教师的教学能力。可以通过两大途径来提升教师的信息意识及信息能力。

一是开展校长信息化领导力培训，提升管理者的信息素养，推进信息化建设。

二是在教师教育者队伍中进行信息技术方面的培训，提升教师的信息技术操作能力，以推进信息技术与教学的融合。

3. 推进创新创造型教师教育者队伍的构建

创新是引领发展的第一动力，处于国家发展的全局核心位置，在"大众创新、万众创业"的大背景下，需要更多的创新创造型教师教育者队伍。

要推进创新创造型教师教育者队伍的建设，需要多方面的支持。

（1）加强制度建设，深化体制改革。国家需要加强对教师的创新能力的培养，注重创造型教师的培养，加强制度建设，深化体制改革。

（2）加强创新教育实践。学生创新能力的发展需要将创新知识运用到实践当中，从实践中不断验证知识和完善知识，从而成长为创新型人才，进而促进经济的发展。因此，需要鼓励创新活动，加强创新教育实践，构建可持续发展的创新创造型教师教育者队伍，不断培养创新创造型人才，为我国发展为创新型国家作贡献。

（3）建立完善的创新型教师考核评价体系。要评价创新的力度及结果，需要建立一套行之有效的教师考核评价体系，因此教育部门需要制定科学的创新型教师考核标准，改变唯论文、唯升学率、唯科研成果、唯成绩为考核标准的做法，建立起集教学评价、科研评价、管理评价于一体的综合评价机制，更好地进行考核评价。

（4）完善教师教育者队伍的激励政策。进一步完善教师的激励政策，使教师有奋斗目标，并为之不懈奋斗。

教师教育者应当结合自身的专业知识及专业实践经验，结合学校实际情况、学生情况进行创新教育，以培养创造型人才。例如，教师教育者可以与高校、中小学共同推进大数据、互联网、人工智能等技术与教育的结合，创新教学方式，提升学生综合素质。

（三）坚持以管理、保障促进发展

1. 动态化的教师教育者管理体系

建立动态化的教师教育者管理体系，管理体系涵盖教师教育者准入、招聘、专业发展等方面。

在教师准入上，需要改进教师准入相关的制度，积极推进教师资格制度的实施，进一步优化教师队伍结构。

在教师招聘上，在保持教师人才稳定性的基础上，采用柔性化教师聘用管理机制，坚持相对稳定、合理流动、专兼结合、资源共享的原则，努力探索出一条促进教师教育者队伍高质量发展之路。对于教师教育者的招聘，需要对其专业水准、科研能力、道德修养、综合能力等方面进行考察，提高招聘质量。

在教师专业发展上，针对不同的专业提出不同的教师专业发展之路，促进具有针对性的发展体系的构建。

2. 完善教师教育者评价机制

根据《深化新时代教育评价改革总体方案》提出的"改进结果评价、强化过程评价、探索增值评价、健全综合评价"相关要求，不断完善教师教育者的评价机制。

（1）明确评价价值导向。要明确"立德树人"的评价价值导向，以此来评价教师的教书育人的效果。

（2）改革教师评价的内容及方法。在教师评价内容上，坚持教学、科研、管理等进行综合评价。在评价方法上，采用多元评价方式对教师进行评价，坚持个人评价与团队评价结合的评价方式，改进对不同学科、岗位、级别的教师的评价方法。

3. 构建教师教育者保障体系

政府需要对教师队伍建设进行宏观把控，加强顶层设计，完善教师队伍建设的保障制度。建立教师公务员制度，不断推进制度设计、制度建设，进一步明确教师的专业属性。在对教师教育者队伍进行监管的同时，还要保障教师教育者的工资待遇，强化教师的幸福感、荣誉感以及责任感，鼓励教师教育者为教育事业作贡献。

二、组建教师教育者创新发展团队

组建创造型教师教育者队伍就要组建教师教育者创新发展团队,增强教师教育的队伍的力量,为教师教育者队伍注入活力,加快创造型教师教育者的培养。所谓团队,指的是由技能互补,并且愿意为了共同的目标开展广泛合作的单个个体组成的正式群体,团队强调的是团队精神、技能互补以及集体绩效。教师教育者创新发展团队指的是具有共同目标,具有凝聚力,互动性强,分工明确,能开展学科专业建设、教学科研等,具备创新精神及创造力的团队。

(一)教师教育者创新发展团队的特征

教师教育者创新发展团队的基本特征包括交流性、目标性、自主性、柔性、领导性。

1. 交流性

创新发展团队的构建,需要建立起一个良好的能进行学术交流、创新创造的平台,为培养更多具有创新创造能力的人才提供可能。教师教育者创新发展团队参与国家重大科研项目建设、重点学科建设、新兴交叉学科建设、人才队伍建设等,可以促进创新创造人才的培养。

2. 目标性

教师教育者创新发展团队的目标明确,团队中的各成员能清楚地认识到目标及意义,并通过实际行动,与团队成员开展合作,共同推进项目的创新发展。

3. 自主性

在既定的目标下,团队成员在完成个人的任务时又有着自主性,可以按照自己的工作习惯、方式、方法等开展课题研究,从而提升团队的能力。

4. 柔性

教师教育者创新发展团队既具有稳定性,又具有动态性,体现出柔性的特点。其稳定性体现在团队中各成员有着相同的价值观,能为实现共同的项目目标开展合作,具备一定的稳定性。另外,教师教育者团队的成员并非一成不变的，团队随着项目的结束而解散，再根据新的项目需求组建新的团队，这种现象体现了创新发展团队的动态性。

5. 领导性

创新发展团队中的学科带头人具备很高的业务素养，有着高尚的品德，可以引导学科的建设与发展，对学科发展有一个全局性的掌控，团队的成员也会在学科带头人的影响下，钻研业务知识，拓展学科深度与广度，从而提升自己的创造力，进而促进教师教育者队伍的创造力的提升。

(二) 教师教育者创新发展团队的组建原则

1. 和谐的人际关系

团队中各成员之间和谐相处、合作与共赢是创新发展团队构建的前提。团队要形成和谐的团队氛围，求同存异，以解决问题为目的，鼓励质疑，形成既能彰显团队力量，又有利于个人发展的良性发展空间。高校教师教育者创新发展团队需要构建一个团队成员能充分运用智慧、知识、能力来进行合作的团队，团队内的成员具有强烈的探索精神与开拓精神，能自我肯定与自我鼓励，能承担富有创造性与挑战性的工作，能及时完成项目任务，实现项目目标。

2. 强烈的团队业绩观念

教师教育者创新发展团队的灵魂是团队业绩观念，其核心是团队业绩目标。在教师教育者创新发展团队中需要不断地强化业绩观念，明确业绩目标，凝聚人心。团队业绩目标需要随着时代的变化不断调整，这样才能发挥应有的激励作用。

3. 团队成员的个性化及多元化

创新发展团队的成员需要具备明显的个性，同时团队成员多元化，有的专业理论知识扎实，有的技术基础扎实，有的干劲十足。另外，团队中学术带头人、学科骨干教师以及团队其他成员所占的比例应当合理，团队由不同学科的教师组成，以高层次人才为龙头，带动整个教师教育者队伍发展。

4. 创新发展团队保持有效规模

创新发展团队的规模与创造力以及成果的获得并非成正比，因此需要保持有效规模。团队一般由学术带头人和研究骨干组成,一般以专家为学术带头人,以优秀中青年教师教育者为研究骨干,开展多学科、跨部门研究,促进教师教育者队伍的建设。

三、积极构建教师教育学术支持平台

互联网背景下网络教学兴起,因此积极构建网络教学平台,实现线上线下教学一体化成为当下教育发展的新的趋势。为了促进创造型教师教育者团队的建设,需要推进教师教育者优质资源共享平台的建设。

(一)建立教师教育者队伍专业化发展的资源共享平台

整合教师教育课程资源库、国内外的教材资源库、中小学课堂教学案例库等在线学习资源,方便教师通过网络资源共享平台获取资源,进行交流与学习。

当前,教师教育资源共享平台建设尚处于起步阶段,但有的地方为教师教育资源平台的建设提供了参考,如上海地区建立了高校优质资源共建共享平台。平台的建立旨在促进上海地区高校自建数据库、特色资源数据库和优质资源数据库等资源的共建和共享。目前,平台参建馆包括复旦大学图书馆、上海师范大学图书馆、上海海洋大学图书馆、上海电力学院图书馆、东华大学图书馆、上海外国语大学图书馆和同济大学图书馆,平台资源已达 30 余万条,其中 85% 的资源提供电子全文,其余资源提供印本全文。上海高校师生可使用本校学号及密码通过跨校身份认证后利用平台资源。其资源的来源也非常广泛(表 6-1)。

表 6-1 上海地区高校优质资源共建共享平台资源

资源名称	简　介
复旦古籍数据库	复旦大学图书馆馆藏线装古籍珍本荟萃,共有 40 万册,系集王同愈、李国松、庞青城、高燮、丁福保、刘承干、王欣夫、赵景深等各家藏书精华而成。四部典籍,大致齐备
复旦 CADAL 民国期刊 / 民国图书库	以 1911 到 1949 年出版的中文文献为主,可供共享共建平台使用的书刊 3.4 万余种,内容涉及多个学科领域
上海海洋大学捐赠书目库	收录了海洋大学本校师生、海内外校友及社会各界团体和个人捐赠图书、手稿等

续 表

资源名称	简 介
上海海洋大学海大人文库	收藏了自建校以来各个阶段教师、校友所编写的近千本著作
上海海洋大学电子教参库	收录了海洋大学各课程教学大纲中提出的教参书
上海师范大学学位论文数据库	收录了自1990年至2013年的上海师范大学硕博士学位论文
上海电力学院学位论文数据库	收录了自2010年以来上海电力学院的硕士学位论文,内容覆盖化学、电力系统及其自动化、热能工程、机械等领域
东华大学纺织服装期刊文献数据库	收录了纺织、服装方面的特色资源
上海外国语大学图书馆藏珍本外文文献数据库	收藏了一些1949年以前在国外和国内出版的外文书籍,涵盖英、德、法、俄、西、日、阿等语种,最早的出版年代可以追溯到18世纪末19世纪早期
同济大学长三角地区城规与建筑历史特藏库	收藏了同济大学图书馆馆藏民国图书和古籍中濒临损毁的反映长三角地区城市规划和建筑发展历史的珍贵特色文献资料
上海师范大学教师教育特色资源数据库	教师教育特色资源数据库提供教师教育各类型资源,包括中外文书刊、硕博士论文、民国教育文献和视听资源等

对于地方本科高校来说,可以联合地方各大高校搭建共建共享平台,将高校的资源加以共享与利用。

(二)建立教师教育者队伍专业能力训练平台

建立教师教育者队伍专业能力训练平台,需要依托现代教育技术构建符合教师发展规律的高水平教师专业能力训练及发展平台,根据教师的专业属性建立专业能力训练平台,包括训练基地、实验基地、直播互动教室、在线学习平台等,为教师教育队伍的发展提供重要的平台支持。

(三)建立区域教师教育发展联盟

地方本科高校可以根据当地高校的教师教育者队伍的发展现状、教师教育学科发展情况以及教师教育者队伍专业发展需求,成立教师教育发展联盟,共享资源,为区域教师教育者队伍的共同提升创造良好的条件,促进地方各本科院校的教师专业知识的增长及能力的提升,提升整个区域的教学质量，为区域输送更多的教师资源。

总的来说，现代地方本科高校的教师教育的内容及模式随着时代的发展而不断变化，教师队伍需要不断发展，提高水平，地方本科高校之间利用互联网实现了更多的交流与共享，也给教师教育者队伍建设提供了保障。

第七章 地方本科高校高质量教师教育建设的保障——合理配置资源

资源配置是近年来国家调控高等教育的主要手段，其主要的特点是以绩效为导向。地方本科高校要实行院校两级管理，加强学院的自主权，促进资源的合理配置。对于地方本科高校的教师教育专业来说，需要开展师范生培养成本的管理与控制工作，促进资源的合理配置，培养更多的优秀的师范生。

第一节 以绩效为导向的地方本科高校资源配置

一、以绩效为导向的资源配置机制探索

（一）高校资源宏观配置机制的发展

高等教育公共投入模式经过了一个漫长的改革过程，大致分为三个阶段：

第一个阶段是基数加发展模式。这种拨款模式的特点是，当年的高校获得的经费是参考前一年的所得经费，并根据当年高校事业发展及变化的情况来确定的。

第二个阶段是综合定额加专项补助模式。这种拨款模式开始于1986年，基于"定员定额"的原理（经费的总额根据相关的政府主管部门制定的不同层次、不同类型、不同地区的学生生均经费的定额标准以及高校的

在校人数）来确定。专项补助是对综合定额的补充，由财政部及教育主管部门根据国家的政策及学校的实际发展需要单独确定。

第三个阶段是"基本支出预算和项目支出预算"模式。该模式开始于2002年。基本支出预算指的是保障机构的日常工作的开展以及维持机构的正常运转的经费，主要包含日常公用经费、人员经费两个部分。项目支出预算指的是高校为了完成特定的行政任务及事业发展目标所发生的支出。实际上，"基本支出预算和项目支出预算"模式仍然具有综合定额加专项补助模式的特质及缺陷，我国采用的仍然是"综合定额加专项补助"模式。[①]

（二）以绩效为导向的高校资源配置机制的探索

1. 高校预算拨款制度

2008年，财政部、教育部颁布了《关于完善中央高校预算拨款制度的通知》，提出了中央部属高校运算拨款制度的完善思路和措施。其将预算分为两个部分，包括促进事业发展的拨款以及体现社会公平的拨款。其中，促进事业发展的拨款包括教学经费、科研经费以及社会服务补偿经费；体现社会公平的拨款主要是针对家庭经济有困难的学生的助学拨款。

（1）基本运行经费。基本运行经费按照学生的人数和生均拨款定额标准确定。本科生、硕士、博士的生均定额不同。这类费用主要用于维持学校的日常运行。

（2）专项经费。专项经费是国家指定的有专门用途的经费，包括发展性的专项经费、保障性专项经费、科研专项经费三部分。设专项经费的项目包括"985工程""211工程"、国家精品课程建设项目、优势学科创新平台、卓越工程师教育培养计划等。

（3）绩效拨款。绩效拨款指的是国家为绩效表现好的高校单独设置的一种经费，其是奖励性质的，如科研成果奖励、预算执行情况好的奖励等。

（4）科研业务费。科研业务费主要用于支持高校的科研，支持高校自主开展科学研究，促进高校基础研究及前沿性研究工作的顺利开展。这类经费一般由高校根据科研基本情况进行自主安排。

---

① 胡卓加：《我国高等教育财政拨款机制研究》，《暨南大学学报（哲学社会科学版）》，2008年第2期。

(5)定额补助。定额补助的标准及用途是固定的，指的是高校每年用于教师的医疗、购房等的费用。

(6)社会服务补偿经费。社会服务补偿经费主要用于补偿学校社会服务活动方面的支出。

(7)助学补助。助学补助主要指针对家庭生活困难的学生的助学金以及华侨港澳台学生的招生补助金、少数民族硕士（博士）研究生培养经费等。

2.以绩效为导向的高校资源配置探索

高校的资源配置基于"基数加发展"的模式，对产出及绩效的关注较少，绩效拨款是近几年兴起的，在专项经费启动之后，特别是"211工程""985工程"启动之后开始引入部分绩效因素。我国的拨款方式从20世纪80年代开始出现了投入型拨款、协商型拨款及绩效导向型拨款，以下作简单回顾。

从20世纪80年代开始，高等教育的拨款方式采用的是投入拨款加绩效专项拨款的方式，其中"211工程""985工程"的专项资金规模最大。这两大工程将拨款与绩效挂钩，从而集中有限的财政资源进行重点建设，有效推动了高校及学科的发展。两大工程拨款时参考了绩效因素，这是我国高校教育财政经费中较早按绩效拨款的案例。

20世纪90年代，高校扩招，财政经费不足，为了提升财政资金的使用效益，高教界正式引入绩效拨款。2007年，财政部颁布了《中央本级项目支出预算管理办法》，其中提出了"追踪问效"的预算管理原则，也就是说，财政部和中央部门对财政预算资金安排项目的实施过程进行追踪问效，对最后结果进行绩效考评，并将考评的结果作为下一年度审批立项的依据。这是我国对中央本级项目支出预算管理所提出的明确要求，这一规定直接影响着我国高等教育财政经费配置机制的发展。

2008年，财政部、教育部颁布了《关于完善中央高校预算拨款制度的通知》，明确指出了按照"目标明确、分类考核、先易后难、稳步实施"的原则，建立与公共财政相适应、科学规范的高校绩效评价体系，引入以绩效为导向的高校资源配置方式。同年，教育部财务司开展了绩效拨款试点，对部分有卓越成就和突出进步的学校进行奖励，其经费主要包括三类：

一类是自然科学类绩效拨款。通常以国家自然科学奖、国家技术发明奖、国家科学技术进步奖为绩效拨款指标。

一类是人文社会科学类绩效拨款。这类拨款指标包括：科学研究成果奖一等奖的第一著作者较多的高校；出版专著数量多、难度大、社会认同程度高的高校；国外学术刊物论文发表数量多，以及与三年前相比增加最多的高校。

一类是管理绩效拨款。选择能体现较高管理水平的项目支出预算执行情况作为考核指标，预算执行率超过85%的高校进行绩效拨款。

2009年，财政部颁布《关于进一步推进中央部门预算项目支出绩效评价试点工作的通知》，指出进一步推动包括高校在内的事业单位财政经费支出绩效评价，详细对绩效评价的各个主体的职责、绩效评价工作程序、绩效评价内容体系、绩效评价文本、绩效评价结果进行了规定。

2010年，教育部财务司选择部分直属高校进行了专项资金绩效评价工作，从试点高校中选择一到两个项目开展绩效评价工作。7月，《国家中长期教育改革和发展规划纲要（2010—2020年）》颁布，其中提出要设立高等教育拨款咨询委员会，增强经费分配的科学性。同时建立经费使用绩效评价制度，加大支出项目的经费使用考评力度。

在宏观政策的推动下，地方政府也在高校开展教育经费绩效拨款试点工作，使得地方本科高校也在围绕绩效拨款的实施不断努力。值得注意的是，绩效拨款的依据是绩效评价结果，因此绩效评价成为绩效拨款改革中的一项重要工作内容。绩效拨款的提出，表明我国高校财政性经费配置走向科学化、精细化与效率化。

二、以绩效为导向的地方本科高校资源配置的理论界定

强化绩效导向是地方本科高校资源配置的发展方向，在开展以绩效为导向的高校资源配置之前，我们先来理清以绩效为导向的地方本科高校资源配置的基本内涵。

（一）以绩效为导向的地方本科高校资源配置的内涵

人们对"绩效"有着不同的理解，绩效常与效益、效率、经济、有效性联系起来，这里讲的绩效指的是高校在使用特定数量的财政性经费后所产生的效益，包括两个方面的内容，其一是财政性经费对人才的培养、科

研的发展及社会服务等方面所产生的正向影响，其更加强调对教育发展目标的贡献。其二是一定的经费投入下，办学产出越高，贡献越大。

以绩效为导向对高校提高经费的使用效率有一定的促进作用，其促进作用主要表现在两个方面。一是具有发展导向的意义。经费的配置为高校办学指明了方向，使其明确了侧重点。通俗地讲，就是明确了用钱办什么事。一是产出激励的意义，强调拨款希望达到的实际成效以及对今后拨款的影响，在拨款时已经有了明确的、具有可操作性的绩效指标体系。通俗地讲，就是用钱达到什么样的效果。

因此，以绩效为导向的地方本科高校的资源配置，既包括高校资源的使用方向和效益对当前资源配置的影响，也包括当前的资源对高校经费使用的方向及要达到的效益的影响，两者相互联系，相互影响。

以绩效为导向的资源配置实际上是为了实现地方本科高校时教育经费的合理配置与有效利用。合理配置资源，可以有效缓解有限资源与无限需求之间的矛盾，进而提升资源的利用效率。资源配置的效率可以分为资源运用效率与资源分配效率，资源运用效率指的是一个生产单位、区域或者部门积极组织并运用有限的资源，以实现资源的最大限度的利用。资源分配效率指的是不同生产单位、区域或者部门之间按照一定的比例分配资源。如果资源分配得当，则会提升利用效率，实现经济资源总量的增长。绩效拨款需要以地方本科高校提高质量、效率和效益的实际表现为依据，其中绩效是连接资源宏观配置与微观办学行为的中介。绩效拨款机制能很好地发挥市场对资源配置的导向、激励、约束的作用，能作为一种补充手段，很好地消除政府的投入型拨款机制的某些弊端。绩效拨款可以提升高校自主发展的积极性与创造性，增强高校资源配置的责任感与使命感，提升财政性经费的使用效率。

以绩效为导向的资源配置，其最终的目的是提升资源的利用效率，进一步促进高校的发展。以绩效为导向的地方本科高校资源配置通常包括四种具体的拨款方式。

1. 绩效拨款

绩效拨款是对表现好的地方本科高校给予奖励性拨款，通常以绩效评价结果为依据，包括自然科学类绩效拨款、人文社会科学类绩效拨款。

2. 绩效专项经费

这类经费具有不确定性，会受国家的政策等因素影响，通常高校绩效表现是影响高校财政预算的因素之一。

3. 预算执行奖励

预算执行奖励指的是目前的管理绩效拨款，这一拨款主要奖励的是预算的执行进度，并没有做到真正意义上的以绩效为导向，因此预算执行奖励一般单列。

4. 绩效报告

绩效报告指的是通过公开教育评估或者绩效评价结果来激励地方本科高校关注绩效。

从上述的绩效拨款构成看，以绩效为导向是高等教育绩效拨款的基本特征，同时也是其发展趋势。我国的绩效拨款方式基本符合我国的基本国情，但实际的绩效拨款工作开展起来困难较大，一直在不断地推进与局部的探索中。

以绩效为导向的资源配置，既包括国家层面的宏观配置，同时也包括学校内部的微观配置。这里主要研究的是宏观层面上的国家对地方本科高校的财政性经费投入及绩效评价机制。

（二）地方本科高校实施绩效导向型资源配置方式的环节及特征

绩效导向型的地方本科高校资源配置包括两大内容——评价和拨款。其本身有着独特的特点，围绕这两大内容，形成了三个环节及两大特征。其中三个环节指的是进行资源配置时提出经费使用绩效要求、进行经费使用绩效评价、根据经费使用绩效结果拨发新的款项。

1. 三个环节

（1）地方本科高校在进行资源配置时，需要提出明确的绩效要求。在进行绩效拨款时，政府会对地方本科高校财政性经费的使用提出明确的绩效要求，进一步明确其方向，提出具体的绩效指标。政府将经费划拨到地方本科院校的前提是地方本科高校有能力并且有义务去实现既定的绩效目标。

（2）需要地方本科高校对经费使用的情况展开绩效结果系统评价。政府部门会亲自组织或者委托专业机构对地方本科高校的经费使用情况及产生的效益进行中期或者最终的评价，其评价是以高校利用办学资源实现其职能所获得的效益为基本评价标准，根据投入与产出的比率给予地方本科高校评价，以此反映高校资源的利用情况。绩效评价与一般的项目验收相比，考察的内容、维度、方式多样，更加注重目标的达成情况，注重投入前后的效益变化。

（3）绩效评价结果将作为新一轮的拨款参考依据。绩效评价的结果非常重要，可以说是影响高校能否获得经费支持的重要因素，前一轮的绩效评价直接影响后一轮的拨款。这样前一轮的拨款与后一轮的拨款相互衔接，最终实现地方本科高校的发展。

2. 两大特征

（1）公平性。公平性表现为地方本科高校之间的地位是平等的，依靠实力与成绩来争取经费，各高校主体公平、公正、公开竞争，这种竞争以政府对地方本科高校的分类指导及管理为前提，使得高校在相应的类型与层次上开展公平竞争。

（2）规范性。规范性指的是拨款评审过程的规范，相关的经费分配有一定的标准及分配程序，不受人为因素的影响。

上述三个环节是绩效导向型资源配置机制的内涵要求，两个特征是过程的保障，它们共同构成了地方本科高校绩效导向型的资源配置机制（图7-1）。

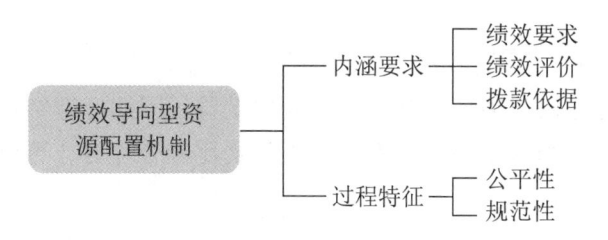

图7-1 地方本科高校绩效导向型资源配置机制

地方本科高校绩效导向型资源配置机制是以高校绩效为核心展开的，经费的分配、使用、评价再分配之间构成了一个有机的循环，其循环的内在逻辑为，国家分配经费时对地方本科高校提出了新的绩效要求，并在经费使用过程中或者结束时进行绩效评价，并且该评价直接影响着新一轮的拨款，而新一轮的拨款又对地方本科高校产生新的绩效要求，如此周而复始，从而促进了经费使用效率的提升。任何一个环节出现问题都会影响资源配置。公平竞争与规范的拨款评审也是保证绩效导向型资源配置机制发挥作用的保障。

三、以绩效为导向的地方本科高校资源配置机制的实施建议

在较长的一段时间内，有限的教育资源与无限的教育需求之间的矛盾不可调和，因此将有限资源最大化利用成为当下高等教育发展的重点。以绩效为导向的地方本科高校资源配置的过程中需要贯彻以下思路——在经费紧张的前提下，地方本科高校需要调整财政性教育经费的结构，提升地方本科高校基本运行经费的比例，同时还要加强地方本科高校财政性经费的绩效评价，从而探索以绩效为导向的地方本科高校资源宏观配置机制。

（一）提升地方本科高校的基本运行经费比例

从当前的地方本科高校的实际需求看，其需要提高地方本科高校的基本运行经费的比例，而要提高经费比例，关键在于理念的调整。

需要明确基本运行经费及专项经费的功能，基本运行经费主要用于培养人才、科研等，所针对的是所有的学生。专项经费主要是国家对部分学校、部分学科及项目进行的战略支持。理念的调整需要依托以下价值理念。

1. 以提升效益为导向

调整经费结构是为了提升资金的使用效益，因此经费结构调整要以提升效益为导向。当基本运行经费与专项经费比例合理时，可以提高资金使用效益。

2. 奉行公平原则

公平原则体现的是国家对地方本科院校的经费投入上的结果的公平，也就是说，不同层次和不同类型的地方本科高校的学生都能获得基本的生活及学习的条件，至少没有较大的差异。这样的公平体现在基本运行经费

的使用上。新时期,在保证一些重点项目建设的同时,还应当关注基本运行经费的投入,保障地方高校之间的公平。

3.倡导自主办学

通过增加基本运行经费可以有效增强高校的自主权,促进高校的发展。基本运行经费的增加可以使地方本科高校根据自身的定位及实际情况来合理配置资源,进一步提高办学自主性,高校将经费投入学校的重点发展领域,提高经费的使用效率。

4.可持续性

基本运行经费为人才培养提供了基本保障,需要长远投入,需要持续、不间断地投入。除了基础建设之外,日常的开支也需要维持,因此要加大基本运行经费的比例。

(二)加强对地方本科高校财政性经费的绩效评价

绩效评价结果是财政拨款的重要参考依据,要促进绩效评价与经费配置之间的良性互动,首先要做好绩效评价,绩效评价可以由政府直接组织或者委托第三方机构组织。

1.地方本科高校绩效评价的必要性

对地方本科高校开展绩效评价主要有两大作用。

首先,地方本科高校的绩效评价可以为政府提供相关的信息及数据支持。

其次,地方本科高校也可以通过绩效评价来全面了解办学资源利用的情况。地方本科高校因为缺乏对资金支出绩效的认识,或者过于看重近期的发展效果,容易出现资源浪费的情况,绩效评价可以很全面地反映出高校资源的利用情况,为高校优化办学资源配置提供一定的参考。

2.加强地方本科高校绩效评价需要自上而下推进

地方本科高校绩效评价需要政府及高校合作开展,国家相关部门需要提出工作思路及要求,地方本科高校积极探索绩效管理模式。一些地方本科高校获批为财政拨款试点,体现出自上而下的绩效管理的发展趋势。

3.专门设置针对基本运行经费的绩效拨款

在基本运行经费增加的基础上增加绩效拨款非常有必要,可以有效保障基本运行经费的使用方向及使用效益。当前我国对地方本科高校基本运行经费主要按照公式计算结果进行分配。未来的绩效拨款可以结合需求以及绩效水平进行。基本运行经费的绩效拨款是在自然科学类、人文社会科学类绩效以及管理绩效的基础上的进一步改革与深化。

（三）提升地方本科高校经费的使用自主权，同时加强政府监管

国家相关相关部门对高校的信任程度以及高校的自主管理能力，是高校经费使用权下放的重要条件。一般来说，权力的下放力度与监管力度是相辅相成的。加大权力下放的力度可以使高校在经费使用方面获得更大的自主权，可以将经费集中用于重点项目建设，获得预期的成果。当然，也可能出现不规范的经费的使用现象，有的严重的，还会出现违法犯罪行为。所以，政府应当加大监管力度，预防学校财务风险的发生。

对地方本科高校经费的使用，需要从三个方面加以监督和管理：

1. 地方本科高校需要推进以绩效为导向的财务管理工作，加强自我约束

地方本科高校在制订预算方案的时候，要根据学校的发展战略和发展思路制订，申报重点项目，这样可以避免经费支出的随意性与重复。另外，地方本科高校需要建立促进经费有效利用的绩效指标体系，监督各部门的经费使用情况，提高经费的使用效率。对于大额资金的使用和管理，需要严格遵守纪律，不断强化民主监督，从源头上防范不恰当行为。

2. 国家应当加强宏观调控，并依法监管地方本科高校的经费使用情况

国家主要对重大项目经费的绩效考评机制的建设、财务信息公开、重大经费使用决策和规则等内容进行宏观调控及指导。

3. 鼓励和支持第三方部门参与高校财务管理的考评与监管

政府需要鼓励和支持第三方部门参与高校财务管理的考评与监管，从而形成政府、学校、社会多元主体参与的财务监督管理体系，促进经费使用的合理化，促进经费的使用效率的提升。

第二节　内部资源分权配置——地方本科高校校院两级管理改革

地方本科高校内部资源管理及配置随着市场经济体制的建立与完善、政治体制的改革以及高校大规模的扩招而发生变化。地方本科高校管理改革主要体现在校院两级管理之中，因此需要确定学校和学院的职责权限，更具体地说就是学校和学院对"人""财""物"的管理权限。

一、地方本科高校校院两级管理改革的思路

校院两级分权管理进一步促进了地方本科高校管理工作重心的下移，可以调动学校、学院的积极性，激发各个层级，特别是学院的积极性，也促进了各个学院之间公平有序的竞争，学院实力的增强进一步增强了学校的实力，进而推动学校的管理水平的提升以及办学质量的提高，促进地方本科高校核心竞争力的形成。

地方本科高校所实行的校院两级管理改革的基本思路是整体设计、分步推进。院校两级之间既注意有关责任、权利以及资源的配套，也注意财务管理、分配制度、事务管理以及人事管理的联动，从而形成推动校院管理改革的强有力的合力。

地方本科高校的校院两级管理改革的实质是对管理结构及管理机制的改革，涉及的环节较多，因此要规范操作流程，要制定规范的书面文件进行具体的指导，明确校级、院级的相关权力与职责，从而推进地方本科高校的工作的顺利开展。

二、地方本科高校校院两级管理改革的内容

地方本科高校校院两级管理改革的内容包括财务管理分权、人事管理分权以及办学事项管理分权三个方面。

（一）财务管理分权

1. 经费来源划分

对于本科学生学费，研究生学费，国家培养费，相关成人教育、研究生课程进修班的收入，校外培训班的收入等按照比例或者额度进行划分。校友捐款、科研管理奖励以及专项经费一般由校级进行支配。

2. 经费支出划分

经费支出的划分有多种方案，常见的方案是按照大类别进行划分。

一类是日常运行费。主要包括行政运行费用、公用经费、水电费三大项目。职工学生的奖学金、助学金、水电费一般由校级承担，其他费用由学院独立承担。

一类是投资建设费。主要包括办公室用房、专项投资两大项目。此费用主要由校级承担。

一类是教师费用支出。按照工资结构分为固定工资、岗位津贴、补贴及福利。教师工资一般由校级承担，岗位津贴由校级或者院级承担。

当前的地方高校财务管理总体上呈现出一定的分权状态，在一定程度上对高校的管理与运行有着正面的影响。首先，对于院级来说，极大地调动了学院的积极性，使其积极筹措经费，分担财务支出的压力。其次，学院掌握财务管理的主动权，可以使经费的使用更能满足了学院专业及学科的发展需求，为各项工作的有序开展提供了经济支持。当前学院的经费监管等问题尚未解决，但就目前的发展趋势来说，校院财务分权管理符合高校发展的需求，有利于高校事业的科学发展。

（二）人事管理分权

人事管理分权主要围绕着师资队伍建设与管理展开，包括职称职务晋升、教职工招聘、日常工作考评、机构的设置与主任及人员的任用等。一般情况下，高校校级领导和负责人负责相关的人事管理事项，并在其中起着主导作用。其原因在于高级专业人才队伍的建设是人事管理的重点，直接关系着地方本科高校的整体发展，不仅专业性强，还有较强的政策性，因此需要校级领导和负责人全面统筹。

（三）办学事项管理分权

院校办学事项管理分权主要包括学生管理、学科发展、教学管理、招生等事项。一般来说，一些宏观方面的学科发展、招生等工作集中由校级管理，而学生管理、教学管理及日常行政事务主要由院级管理。

三、地方本科高校校院两级管理改革的未来

地方本科高校校院两级管理改革虽然仍然处于起步阶段，但其是未来高校的发展趋势。未来，地方本科高校的学院在人、财、物的管理上以及学术的管理上将掌握更多的主动权，这样有利于建立长效的激励机制，激发各个学院的积极性，围绕高校的综合发展目标，积极开发资源，建设具有竞争力的学科和专业。

（一）地方本科高校校院两级管理改革的主要模式

1. 办学事务管理分权模式

这类模式改革的重点是学校教学、学生、科研等方面的管理权的划分，呈现的趋势是，学院掌握了更多的管理权。其中，事权的划分是管理体制基本的内容，可以有效推动财权、人事权的划分。

2. 人事管理分权模式

这种分权模式用于人事管理，使得学院拥有更多的人事工作自主权。当前，一些学校如浙江大学，学院的教师岗位设置、聘任、考核、分配等权力基本上下放到学院，由学院管理。人事管理分权模式分为两类：一种是高校主导型，也就是由高校确定各个学院的编制，确定关键岗位，负责机构的负责人及教授任用。学院主要负责机构工作人员、副教授及讲师的聘任事宜。另一种是学院主导型，也就是学校确定学院的编制数量及岗位的类型，而学院自主开展岗位设置、聘任及绩效评价等工作。

3. 财务管理分权模式

财务管理分权模式主要以学校财务管理为核心，细化管理职能，开展分权管理。财务管理分权模式属于比较彻底的校院两级管理，既涵盖了学校组织体系中的人力管理、物力管理、财力管理，也涵盖各种办学任务及

发展职能的落实，因此财务管理分权模式分权较为彻底。

财务管理分权需要做到三个方面的统筹：

首先，财务管理分权之前需要进行全面的顶层设计，依据学校的整体发展目标及各个学校的实际情况来统筹配置人力、物力、财力，对高校的职能等进行科学设计，特别注意划分二级实体单位的结构。

其次，将办学经费按照人、物、事的统筹原则进行划分，也就是"人跟事走，钱跟人走"，通过科学测算，确定学院的收入与支出项目。

最后，将权利与义务下放给各个学院，各个学院因此获得完整的管理权限。

当前财务管理分权模式在地方本科高校之中较为少见，原因在于这一模式需要更多的条件支持，面临的挑战更严峻。

（二）推动地方本科高校校院两级管理改革的建议

当下，中国高等教育以发展高质量教育为核心任务，同样地方本科高校也需要将高质量教育作为发展的重点，而深化体制改革，进一步完善现代大学制度，成为当下高等教育质量提高前提条件。推动地方本科高校校院两级管理改革需要从以下几个方面入手：

1.强化分权管理理念，围绕分权管理开展系统建设

（1）分权契约。所谓分权契约，指的是不同的组织层级在一定的组织结构中，依照组织目标采取上级对下级授权的方式对决策分工及资源划分所作的规定。在分权制度下，上级不会越位，干涉下级的管理行为，下级负责人也不会轻易越权，进行决策，从而在上下级之间形成了良好的管理模式，提升了管理的规范性及效率，促进地方本科高校日常教学及管理工作的顺利开展。

（2）激励机制。在分权契约实施之后，需要激励下级在遵守分权契约的前提下，自觉完成委托任务。与企业的委托任务不同，地方本科高校的委托任务不涉及明显的利益分配，但利益冲突及目标差异现象非常普遍。按照组织经济学的基本原理，上级委托人会根据信息优势原则进行资源配置，也就是说，给予拥有信息优势的人相应的决策权力，激励被授权人积极履行职责。在这种分权管理体制之下，被授权的管理者对授权事务负责，

从而对其形成激励。

（3）防控道德风险。代理人拥有权利的同时，需要为达成绩效目标全力以赴，并且对绩效的考核评价作出明确的规定。绩效考核可以对管理者形成约束，它组成了分权管理的基本环节。在目前的地方本科高校管理改革中，绩效考核是工作难点，同时也是薄弱环节。

如果某一岗位的管理者长期在一个岗位上工作，很可能形成信息垄断，或是管理特权，容易出现道德风险。为了防范这一风险，所任职的岗位一般设计成竞争式的模式，设定一定的任期，或者采用轮岗的方式。

2. 依据地方本科高校的实际情况借鉴相应的分权改革模式

地方本科高校要建立院校分权管理制度，需要统筹校级及院级的管理工作，科学地配置资源。尤其是财务管理分权方面，不同的地方本科高校在层次、项目类型、内容、经费上差异较大，因此各地方本科高校所形成的分权改革模式也不相同。一般而言，地方本科高校的发展与管理离不开人力、物力、财力、项目，且人力、物力、财力、项目管理都有其内在的逻辑，因此我们提倡因校、因地、因时实施分权管理模式。

3. 坚持民主决策，强化执行，因时而变

地方本科高校之所以开展校院两级分权管理改革，是因为要实现学校内部资源及利益的重组，从而实现效益的最大化。校院两级分权管理改革就是将校级的一些管理权力下放到学院，当然改革的难度较大。另外，作为地方本科高校的领导者，领导班子需要形成统一的认识，制定学校的发展战略目标，力求通过改革，达到绩效考核标准。在改革的过程中，需要严格执行方针政策，改革的方案也要根据院级的实际情况进行针对性调整，如果偏离了轨道，需要及时纠正过来。

第三节　合理控制地方本科高校教师教育专业学生培养成本

一、地方本科高校教师教育专业学生培养成本的内涵及特点

地方本科高校要提升办学质量，提高办学效益，必须对教育成本进行核算与控制。学生培养成本直接影响着高校办学效益，同时也是高校教育成本的重要组成部分。要控制高等教育成本，要对地方本科高校教师教育专业学生培养成本进行控制。在介绍地方本科高校教师教育师范生培养成本之前有必要对教育成本、高等教育成本展开论述。

（一）教育成本、高等教育成本的内涵

在计划经济时期，地方本科高校的经费几乎全部来自财政拨款，且经费用途有着鲜明的政治色彩，因此这一时期较少关注高校的办学效益和办学成本，较少考虑学生的培养成本。到了市场经济时期，随着高校扩招，高等教育进一步发展，学生培养成本引起人们的重视。

"成本"是商品的价值的重要组成部分存在，不仅与商品的价值相关，还与管理的水平有着紧密的联系。因此，在一定程度上，管理水平的高低影响着成本的多少。"教育成本"一词最早由经济学家约翰·维泽于1958年提出。他在其著作《教育成本》一书中阐述了教育成本的基本结构，将教育经费等同于教育成本来展开讨论。20世纪60年代，美国经济学家舒尔茨提出了"人力资本理论"，并在他的《教育的经济价值》一书中，提出了"全要素教育成本"的概念，将教育的全部要素成本界定为教育活动消耗的要素的价值，包括提供教育服务的成本以及学生上学期间的机会成本。在这之后，"人力资本理论"开始广泛应用于教育管理，而教育成本也成为教育管理的一个重要概念。

我国关于教育成本的研究始于20世纪80年代，主要对教育成本的概念及内涵进行界定。根据不同的使用环境及要求，人们对教育成本作出如下界定：

一是直接教育成本。直接教育成本即财务成本，或者货币成本，指的是教育活动中消耗的用货币购买的资源所产生的价值。直接成本通过账簿的方式呈现出来。家庭的用于个人教育的成本主要包括学杂费、学习用品费、生活费、交通费、住宿费等。学校教育成本包括支付给教职工的工资及补贴、教学业务支出、教学固定资产折旧费、维修费等。

二是间接教育成本。间接教育成本也称为教育机会成本，指的是教育活动中使用的资源因为运用于教育活动中，导致丧失了投资其他活动的机会。比如，学生因为要完成学业无法工作和获得收入；学校的固定资产因为占用而损失的利益；学校土地损失的租金等。

三是个人教育成本。个人教育成本指的是个人为了接受教育而损失的资源的价值，既包括个人接受教育过程中的直接教育成本，也包括间接教育成本。

四是学校教育成本。学校教育成本也称为机构教育成本，指的是学校作为教学主体，为学生提供教育而消耗的各种资源的价值，包括购买的资源的价值、社会提供给学校的资源的价值，这些价值中既包括直接成本，也包括间接成本。

五是社会教育成本。社会教育成本是社会为了支持教育事业和开展教育活动所消耗的资源的价值。社会教育成本分广义和狭义两种。广义的社会教育成本指的是全社会消耗的用于教育事业及教育活动的资源的价值；狭义的社会教育成本指的是个人或者家庭之外的社会方面消耗的用于教育活动的资源的价值。个人教育成本与学校教育成本有着重叠的部分，其和要大于社会教育成本，因此社会教育成本并非个人教育成本与学校教育成本的叠加。

六是单位教育成本。单位教育成本又称为平均教育成本，是单位教育产品所消耗的教育资源的价值，主要包括学分成本、学时成本、毕业生成本、年生均成本。

七是经常性教育成本。经常性教育成本指的是在短期内（一般不超过一年）所消耗的教育资源的价值，包括人员经费、水费、电费、煤气费、实验材料费等。

八是资本性教育成本。资本性教育成本指的是具有长期效用的，一般至少一年所消耗的教育资源的价值，包括固定资产折旧费、土地使用费等。资本性教育成本强调的是在长期的资源使用过程中产生的折旧与损耗。

地方本科高校教育成本指的是各个学生在接受教育过程中所消耗的活劳动、物化劳动和维持个人生活所需所消耗的价值总和。从理论上讲，地方本科高校教育成本包括四个部分（图7-2）。

图7-2 地方本科高校教育成本的组成

对于受教育者自身和家庭来说，需要考虑因放弃工作而形成的机会成本及学习期间所产生的各项费用。

对于地方本科高校来说，需要考虑成本的大小，计算学校为培养学生而支出的各项费用。

对于政府来说，需要考虑对教育的投入力度及产出效果，用最少的投入获得最多的高质量人才。

由上述可知，地方本科高校学生培养成本是高等教育成本的一个下位概念。从理论角度分析，地方本科高校学生培养成本包括地方本科高校为培养学生产生的直接成本与机会成本。从实践层面讲，地方本科高校学生培养成本通常指的是一定时期内高校为培养学生所损耗的资源的价值，不包括与学生培养无关的资源损耗的价值，同时也不包括为培养学生而丧失的机会成本。因此，地方本科高校学生培养成本就变成了高等教育成本的第一层面的含义——高校为培养学生产生的直接教育成本。

（二）地方本科高校教师教育专业学生培养成本的特点

地方本科高校为学生提供教育教学服务，教育教学服务有着自身的独特性，主要表现在四个方面：

1. 交付方式

地方本科高校为学生提供的教育教学服务与企业产品生产不同，并非先有产品再有消费，而是边生产边消费，生产与交付同时进行，没有合格检验流程。

2. 独特的形态

教育教学服务属于无形的产品，它以学生为载体，离开了学生也就无法存在。

3. 评价的复杂性

教育教学服务的评价周期较长，有的甚至要过很多年才能根据学生对经济发展所作的贡献作出评价，且教育教学内容有很多的不确定因素，使得对教育教学服务的评价具有复杂性。

4. 伦理道德与价值观

教育具有特殊性，地方本科高校在提供教育教学服务时，常常涉及伦理道德与价值观问题。

教育教学服务的特殊性，决定了地方本科高校学生培养成本的特殊性，其特殊性表现在以下几个方面：

首先，因为人才培养过程具有复杂性及长期性，所以地方本科高校学生的培养成本所包含内容难以确定。

其次，地方本科高校学生培养成本的核算对象呈现出复杂性，因此无法精确统计。

最后，地方本科高校学生培养成本的补偿方式较为特殊，这也在一定程度上增加了地方本科高校学生培养成本的核算难度。地方本科高校学生培养成本的补偿具有多样化、周期长的特点，部分成本通过收取学费得到直接补偿，大部分的成本需要若干年之后学生毕业之后通过国家拨款得到间接补偿。

二、地方本科高校教师教育专业学生培养成本的宏观控制

从宏观管理层面来说，地方本科高校需要重视成本管理与成本控制，这是市场经济发展的客观需要，也是社会发展的必然趋势，同时也是高等教育发展到一定阶段的必然要求。

（一）地方本科高校教师教育专业学生培养成本控制是高等教育宏观管理的职能与方法

（1）加强地方本科高校教师教育师范生培养成本管理，促进财政及社会资源的合理配置。当前的高校教育经费由国家、学生、家庭、社会共同承担，且四个主体承担的份额处于动态变化之中，其原因在于社会经济与高等教育一直处于不断变化之中。因此，加强地方本科高校教师教育专业学生的成本管理与控制，能促进教育经费及社会资源在高等教育领域的合理投入及配置。

加强地方本科高校教师教育专业学生的成本管理与控制，有利于政府确定高等教育投入的标准。"在市场经济体系中，国家财政用于高等教育的转移支出在高等教育资源的管理中仍起着重要作用，形成了我国高等教育成本以国家财政为主，个人和社会共同分担的机制，共同作用和影响高等教育的发展。对于高等学校成本核算主体来说，它是形成财政预算的基础，对于不同地区和不同层次的高等学校，以及国际和社会经济必要的高等教育规模和专业，国家财政应该予以大力支持，以体现公共财政的合理配置，而国家预算的准确数值则来自教育成本管理基础上的成本核算。"[①] 由此可见，宏观层面的管理可以加强高校学生培养成本的管理与控制，对政府财政的科学投入有着积极的作用，有利于吸引社会资源，保证政府、社会资源的有效利用以及合理配置。

（2）加强地方本科高校教师教育专业学生培养成本管理，实施高等教育校成本分担制度。按照《国务院关于〈中国教育改革和发展纲要〉的实施意见》的规定，高校实行缴费上学的制度，而缴费的标准主要由教育行

---

① 刘耀利:《浅议高等教育成本管理的重要性》，《西安文理学院学报（社会科学版）》，2007年第4期。

政主管部门按照生均培养成本的一定比例和社会及学生家庭的承受能力因地、因校及因专业而定。换一句话说，学生平均培养成本是地方本科高校确定学费标准的依据。因此，加强学生培养成本管理与控制，可以很好地为地方本科高校收费提供依据，确保地方本科高校收取合理的费用，同时也体现出了"谁受益，谁负担"的市场经济原则，这样可以进一步完善高等教育成本的分担机制。

（3）加强地方本科高校教师教育专业学生培养成本管理，可以加强地方本科高校内部的管理，提高资源利用效率。从宏观上加强地方本科高校教师教育专业学生的成本管理与控制有着积极的作用，一方面，地方本科高校学校层面可以制定科学的战略规划，加强学科建设方面的规划，为人才培养提供良好的发展条件。另一方面，还可以调整地方本科高校的固定资产的配置，使主体资金流向必要项目，从而最大限度挖掘现有资源，促进资源的有效利用，更好地为培养人才服务。与此同时，宏观上加强地方本科高校教师教育专业学生的培养成本的管理与控制，可以促进地方本科高校在专业建构过程中的人力资本与物力资本投资的比例协调。宏观层面上的对学生培养成本的把控可以最大限度地挖掘人才资源的价值，积极发挥物力资源的效能，从而促进地方本科高校教师教育专业学生的核心竞争力的提升。

总而言之，从宏观上加强地方本科高校教师教育师范生培养成本管理与控制，不仅可以促使地方高等教育的宏观管理更加科学化，还可以促进地方本科高校内部资源管理的科学化，从而提升资源的利用效率。

（二）地方本科高校教师教育专业应建立以绩效考评及财政拨款为基础的成本调控机制

预算拨款制度是地方本科高校宏观调控的重要手段，随着市场经济的发展，地方本科高校教育成本分担制度实行，市场调节机制在地方本科高校高等教育资源管理中越来越重要。随着高等教育改革的不断深化，其成本调控机制也发生了变化，逐渐变为以绩效考评为依据，以财政拨款为杠杆的现代高等教育成本调控机制。这一调控机制一方面与地方本科高校的日常教学工作密切相关，另一方面也是适应地方本科高校教育市场化发展的必然要求。

1.建立以绩效为基础的地方本科高校经费拨款制度

建立以绩效为基础的地方本科高校经费拨款制度,可以针对不同层次和类型的地方本科高校实行不同的拨款标准及方法,进一步发挥财政政策的宏观调控作用及导向作用,进而激励地方本科高校科学规划、合理定位、搬出特色、持续发展,从而实现科学化、精细化管理。要建立以绩效为基础的地方本科高校经费拨款制度,还需要坚持公平竞争的原则,并鼓励广大地方本科高校依法筹集资金。

需要强调的是,以绩效为基础的地方本科高校经费拨款制度具有动态特征,即拨款制度根据地方本科高校的实际发展情况及地方财力情况进行调整,呈现出动态性。这种拨款制度不仅可以发挥财政拨款的激励作用,还能提高地方本科高校的资源利用效率,促进地方本科高校加强学生成本管理。

2.建立系统的地方本科高校经费绩效评价体系

要提升地方本科高校的经费使用效益,应当建立系统的地方本科高校经费绩效评价体系,引入以绩效为导向的资源配置方式,及时了解资金的使用情况,根据评价结果适当调整下一年的资金使用计划,不断提升经费的使用效率。另外,地方本科高校也需要不断强化内部的管理,不断优化内部的管理结构,优化资源配置,紧紧围绕经济发展及市场需求来调整学科布局,构建现代化的教学体系,提升地方本科高校的核心竞争力。

3.建立起与地方本科高校教学水平评估紧密联系的成本调控机制

地方本科高校办学主体呈现出多元化的特征,办学模式也朝着多样化的方向发展,因此地方本科高校应当建立起科学、合理的与自身相适应的评价机制和监控机制。近年来,我国高等学校本科教学的评估工作按照《中华人民共和国高等教育法》的相关规定开展,并坚持"以评促改,以评促建,以评促管,评建结合,重在建设"的原则,评估投入人才资源成本、教学经费成本、教学基础设施成本、管理经费成本等指标,这些指标形成了高等教育成本核算的指标体系。

地方本科高校教学水平评估的相关指标已经说明了地方本科高校开展师范生培养成本管理与控制的必要性。因此,需要加快完善地方本科高校评价制度,逐步建立与高校教学工作水平评估密切联系的成本调控机制。

将地方本科高校教师教育师范生培养成本的宏观层面上的调控与教学工作水平评估联系在一起，合理调控经费流向，加强国家对地方本科高校教学工作的宏观指导，促进地方本科高校养成成本意识，自觉节约成本，提升办学效益。

建立起与地方本科高校教学水平评估紧密联系的成本调控机制，不仅有利于从宏观层面上对地方本科高校教学工作开展监督与评价，还能提高地方本科高校成本管理及控制的水平。

三、地方本科高校教师教育专业学生培养成本的微观管理

要降低大学生的培养成本，需要不断加强地方本科高校教师教育专业内部的管理，可以从以下四个途径来实现。

（一）强化教师教育专业全员成本意识

所谓成本意识，指的是在培养人才的过程中具备节约成本与成本控制的意识。这样能使成本降到最低，并使其保持在最低的水平。在人才培养过程中，每一个环节都会产生成本消耗，所以地方本科高校需要倡导全校师生参与成本控制活动，从而获得了成本上的优势。

地方本科高校需要增强全体教职工的成本意识，这是控制学生成本的重要途径。这样可以引导地方本科高校全体教职工主动参与管理活动，在降低成本的基础上加强专业建设，为社会培养出更多的合格的教师人才。

培养全校教职工的成本意识，就是要让教职工形成这样的思想与理念：成本能管理与控制，成本管理与控制在很大程度上影响着地方本科高校的发展方向，因此需要教职工全员参加，全程参加，在工作的各个环节中，厉行节约，关注成本与效益。当全体教职工具备了成本意识后，才能最大限度地杜绝浪费现象，从而培养更多高质量的人才。在培养全校教职工成本意识时，一方面，需要鼓励广大教职工参与成本控制，强化成本意识；另一方面，也应当建立相应的激励、监管等机制，促进广大教职员工自觉将自身行为与学校成本控制联系在一起，形成良性的互动机制。

另外，应当通过平时的课堂教学中，培养师范生的成本意识，还可以通过毕业设计、课外实践活动等在无形当中培养学生的成本意识，客观上增强学生就业的竞争力，为之后的工作奠定基础。师范生随着成本意识的

增强，也将成为地方本科高校教师教育专业成本管理与控制的重要力量。

地方本科高校的广大教职工以及学生成本意识的增强，可以在学校管理以及学科管理中形成独特的注重成本控制的管理文化，这样成本控制可以成为自觉的行为，最终提升地方本科高校教育教学的效率和质量，进一步提升人才培养的质量。

（二）建立并发展成本管理及控制体系

地方本科高校教师教育专业的成本管理及控制体系的构建，需要根据一定的政策，并结合自身的学校及专业发展的实际来进行。一般来说，成本管理与控制体系贯穿于成本控制的整个过程，包括计划控制、运行控制、反馈控制三个环节，贯穿于事前、事中、事后。

1. 计划控制

计划控制也称为"成本前馈控制"，指的是实际工作开展之前对影响成本控制的各种因素进行分析，并及时采取措施以达到成本控制的目的。计划控制主要应用于高校的学生培养活动中，在进行计划控制时，应当注意以下几个方面：

（1）明确地方本科高校成本管理的总目标。地方本科高校教师教育活动的成本管理具有独特性，生产领域的成本管理的目的是追求经济利益的最大化，地方本科高校教师教育的成本管理虽然也关注投入与产出，但其主要有两个层面的目标，首先，教师教育专业的成本管理需要追求短期的经济效益；其次，教师教育的成本管理还需要实现长期的价值最大化的目标。而教师教育成本计划控制主要是为了达成后一个目标。地方本科高校教师教育专业成本管理要实现这样的目标，一方面教师教育专业管理者要将眼光放在为社会主义建设服务上来，着眼于学生的自我成长，以促进学生的全面发展。另一方面，要从长远的角度来制定教师教育专业的发展规划，设计符合学生身心发展规律的培养体系，进而不断提升教育教学的质量，向基础教育输送更多的人才，为培养高质量的人才提供条件。

（2）积极做好成本预测。成本预测需要有科学理论的指导，成本预测是根据地方本科高校的办学目标及实际情况，运用科学的分析方法，分析能影响学生培养成本的各种因素及影响程度，进而掌握学生培养成本的变化规律，对可能降低成本的项目、内容及投入项目的成本水平进行预测，同时对于成本的发展趋势进行预测，从而促进地方本科高校教师教育专业的成本控制的加强。

（3）完善地方本科高校全面预算管理制度。教师教育专业的成本管理需要基于高校预算管理制度。一般来说，地方本科高校全面预算管理制度主要围绕学生编制成本计划，确定目标成本，明确实施成本控制的项目。成本预算的对象不仅包括资金，还包括其他各种资源。

首先，地方本科高校教师教育专业的需要积极挖掘人力资源的潜力，注重教师教育专业教师的教育教学潜力，不断减少人力资源方面的成本，达到节约成本的目的。

其次，地方本科高校教师教育专业的成本预算计划应当使高校各学院开展教学时的物力、财力、人力方面的资源实现最优配置。

最后，地方本科高校成本预算管理，需要以学生的全面发展为出发点和最终的落脚点，需要贯穿于学生发展的全过程。对于教师教育专业学生来说，所制定的成本预算计划需要满足师范生自身能力发展的需要，不断提升用来培养师范生的各种资源的利用效率，积极重组资源，实现资源的优化配置，从而实现对师范生培养成本的科学化管理。

2.运行控制

为了促进成本管理目标的实现，地方本科高校教师教育专业还需要重视教育教学组织过程中的成本控制，将成本意识及管理意识贯穿学校教学及各项工作的各个方面，贯穿地方本科高校教学工作的每一个环节。

如何有效控制师范生培养成本呢？主要从以下三个方面着手：

（1）目标成本的细化与分解。成本管理的总目标需要进一步细化与分解，使成本管理在地方本科高校的各部门、各岗位及各个阶段得到落实，并将目标细化为各个学院及专业的目标及任务，并将成本管理与利益挂钩，这样可以有效激励相关部门开展成本管理及控制，对成本进行全方位的立体的管理。责任成本的意义在于促进各个部门工作人员在成本管理过程中形成责任意识，将成本管理作为一种自觉的行为，内化为责任，指导自己的行为。

（2）建立有效的信息渠道。根据地方本科高校运行的具体情况，通过建立有效的信息渠道，可以发现运行过程中的偏差，并且及时调整偏差，以达到节约成本、提升效率的目的。

（3）建立相应的考核制度。要建立成本考核制度，促进成本控制的顺利开展。地方本科高校教师教育的成本管理指标设置时，可以设置相应的指标比重。这些指标的设置有利于将地方本科高校教师教育师范生的成本与过往水平比较，也可以与国家的标准水平或者地方水平相比较。考核的结果需要向各单位反馈，以发挥相应的激励或者鞭策作用。

3. 反馈控制

反馈控制是对成本管理结果进行检验，通过成本核算及综合分析，发现成本管理过程中的问题，并采取积极措施加以解决。地方本科高校应当定期对教师教育专业的学生的培养成本进行分析，计算培养效益，对师范生培养的经费的流向及比例开展系统的分析，从而找出影响师范生培养成本的相关因素。资金使用效益分析指的是对地方本科高校的资金用于教师教育所产生的结果所进行的相应效益分析。当下地方本科高校的主要任务是为社会培养高质量、高素质、高水平的人才，地方本科高校需在分析资金使用效益的同时找到影响地方本科高校教师教育专业学生培养成本的相关因素，找出成本管理与控制中的薄弱环节，进一步提出解决措施，以达到资金使用效益的提升。

（三）促进地方本科高校教师教育的数字化

地方本科高校教师教育的数字化实质上指的是教师教育专业通过运用现代信息技术手段，有效整合各个方面的资源，从而实现资源的有效配置以及提升资源的利用效率。在管理工作中，数字化的地方本科高校教师教育实现了教学效率、管理效率的提升。要推动地方本科高校教师教育的数字化，需要以教学科研为中心，依托数字化信息技术，通过现代信息技术手段，形成一个集教学、管理、科研、生活于一体的教育教学环境。可以说，教师教育的数字化是地方本科高校数字化建设的一部分，同时也是加强地方本科高校学生培养成本管理与控制的有效途径之一。

地方本科高校教师教育数字化的两大核心内容是教学数字化与管理数字化，数字化的教师教育一方面必然使得教师教育的教学过程朝着信息化、数字化的方向发展，另一方面还大大拓展了教师教育的空间，促进教育资源的合理利用。地方本科高校教师教育的数化不仅可以促进教学质量的提升，还可以大大降低教学成本，提升办学效益。

在推动地方本科高校教师教育的数字化时需要进行科学规划，根据地方本科高校的目标，结合教师教育的发展实际进行规划，并采取可行性措施推进相关管理与控制工作。一方面，需要提升教师教育者队伍的数字素养，提升数字化能力，进而营造数字化的教学环境；另一方面，教师教育需要建立长效的管理机制，促进教学数字化与管理数字化。推动地方本科高校教师教育的数字化，不仅促进了资源的优化配置，还提升了现有资源的利用效率，对师范生的成本控制有着积极的意义。

（四）提高现有资源的利用效率

地方本科高校教师教育专业应当根据教师教育教学工作的实际情况展开工作，以保证人才培养的质量为前提，不断提升现有资源的利用效率，以实现对地方本科高校学生培养成本的管理与控制。要提高现有的资源利用效率，应当从以下几个方面入手：

（1）坚持以学生为本，树立以教学为中心的理念，保障教师教育专业教学资源的投入。

地方本科高校教师教育专业进行资源配置的目标是促进师范生的全面发展。地方本科高校教师教育专业应当围绕教师教育教学来统筹相关的资源，在资源配置过程中体现价值取向，这样不仅可以合理控制地方本科高校教师教育专业学生培养成本，同时也提高了地方本科高校教育教学的水平，培养出更多的优秀的师范生。

（2）加快优化教职工的结构，形成合理的比例。人力资源是地方本科高校重要的资源之一，对地方本科高校发展起着重要作用。人力资源成本同时也是地方本科高校教师教育师范生培养成本的基本构成，因此地方本科高校应当优化教职工的结构，提升一线教师的比例，对于一线教师要采取科学、合理的考核办法来评价其专业素养和专业水平，实现人尽其才，才尽其用。此外，地方本科高校教师教育者队伍的建设需要围绕学生的客观需求展开，注意在引进高质量人才的同时加大培养的力度，形成和谐的工作氛围，提升教师教育者队伍的积极性，在人才培养上投入更多的热情，为社会培养出更多优秀的人才。

（3）促进地方本科高校内部资源的共享，提升资源的利用效率。"要实现真正意义上的资源整合与共享，不仅要求学校、学院内部资产共享公用，更要打破学校内部机构之间利益的界限，探索不同学院之间乃至全社会资源整合与共享公用的有效方式。"[①] 当前，地方高校的工作重点是促进学生的全面发展，实现学校内部的资源的共享。如有的地方本科高校的实验室不仅对高校研究生开放，还对本科生开放，有利于本科生的研究创新。所以，地方本科高校应当在这些积极探索的基础上，注重尝试与共享，从而形成合力，促进地方本科高校学生的综合素质及能力的提升。另外，还要建立资产管理制度、监控管理制度，促进资源的充分利用，并通过定期跟踪与评估，促使现有资源发挥最大的效益。

（4）突出重点，不断规划，提升地方本科高校教师教育专业的资金利用率。一般来说，资金管理是资源管理的重中之重，因为资金往往是判断资源价值以及评估办学效益的基本尺度，办学经费的投入结构是否合理直接影响着学生成本管理，影响着经费的使用效益，进一步影响着学生的培养成本。只有当地方本科高校的资金紧紧围绕满足教育教学的需求展开，才能提升地方本科高校教师教育专业的教学效率和质量，才能培养出更多的优秀的人才。在经费管理方面，地方本科高校要具备全局意识，从专业的发展目标出发，结合专业发展现状，建立起完善的管理制度，加大资金投入的计划性、针对性，真正利用好资金，促进专业的可持续发展。

---

① 李久学、刘振坤、刘慧、王立芳：《高校成本管理问题研究》，《当代教育论坛》，2007年第11期。

参考文献

[1] 杨捷.师范类专业认证国际比较研究[M].北京：中国社会科学出版社，2021.

[2] 梁忠义，罗正华.教师教育[M].长春：吉林教育出版社，1998.

[3] 俞婷婕.教师教育学研究[M].杭州：浙江大学出版社，2020.

[4] 阮为文，陈伟震，何宝钢.教师教育的实践与思考：金华教育学院师干训"十年回眸"[M].杭州：浙江工商大学出版社，2018.

[5] 现代教育论丛书编写组.教师教育：精神的事业[M].上海：上海教育出版社，2016.

[6] 姚继琴.教师教育研究例说[M].南京：东南大学出版社，2016.

[7] 汪明春，杨会燕.教师教育综合素质教程[M].武汉：华中科技大学出版社，2016.

[8] 高建明.高校实验教学质量评价体系的建设与实践探索[M].长春：吉林人民出版社，2017.

[9] 徐金寿.教学督导和教学质量评价[M].兰州：甘肃文化出版社，2005.

[10] 吴胜兴.河海大学本科教学质量管理体系：评价篇[M].南京：河海大学出版社，2009.

[11] 宫辉力.教师教育课程重构理论与实践[M].北京：首都师范大学出版社，2008.

[12] 田延光，陈上仁.本科院校教师教育质量标准研究[M].北京：中国社会科学出版社，2010.

[13] 王丽佳.问责教师：教育质量保障体系中的教师责任建构研究[M].上海：华东师范大学出版社，2016.

[14] 聂志成.教师教育与教师教育课程研究[M].成都：西南交通大学出版社，2007.

[15] 李其龙，陈永明.教师教育课程的国际比较[M].北京：教育科学出版社，2002.

[16] 施若谷，刘德华，方元山.教师教育课程与教学改革[M].北京：长虹出版公司，2006.

[17] 陈时见.教师教育课程论：历史透视与国际比较[M].北京：人民教育出版社，2011.

[18] 朱天利，单永志，邱九凤.新课改背景下教师教育课程改革的理论与应用[M].广州：广东高等教育出版社，2010.

[19] 鲍玮.高职教育实践教学体系的建设探索[M].天津：天津科学技术出版社，2017.

[20] 赵彤.新建应用型本科实践教学体系构建研究：以商科专业为例[M].南京：东南大学出版社，2016.

[21] 张亚娜.双创时代下应用型本科实践教学体系研究[M].北京：中国纺织出版社，2020.

[22] 刘登霄.课程改革与教师教育技术能力培训[M].兰州：甘肃少年儿童出版社，2007.

[23] 王文良.新课程教师教育科研和创新能力培养与训练[M].北京：人民教育出版社，2004.

[24] 谢学锋，左娟.大学生创新创业基础教程[M].上海：上海交通大学出版社，2018.

[25] 王蕾，从德娟.行思：教师队伍建设本土化研究实录[M].青岛：中国海洋大学出版社，2018.

[26] 黄建雄.转型与提升：地方本科院校教师队伍结构优化研究[M].武汉：华中师范大学出版社，2017.

[27] 余绍黔.服务外包校企合作对高校教师队伍建设的影响因素及对策研究[M].西安：西安交通大学出版社，2018.

[28] 谢绳武. 素质教育与教师队伍建设 [M]. 上海：上海交通大学出版社，2000.

[29] 倪传荣，周家荣. 骨干教师队伍建设研究 [M]. 沈阳：沈阳出版社，2000.

[30] 李梦卿. 双师型教师队伍建设比较研究 [M]. 武汉：华中科技大学出版社，2010.

[31] 王少东，赵建军. 运用现代教育技术提高教师队伍素质研究 [M]. 沈阳：沈阳出版社，2000.

[32] 郑山明. 地方本科院校教师队伍建设研究 [M]. 北京：光明日报出版社，2018.

[33] 石灯明，郭尚武. 省域基础教育教师队伍建设的历史审思与未来探寻：以湖南省为例 [J]. 中国教育学刊，2021（2）：98-101.

[34] 童玲红. 卓越教师培养视域下教师教育的建设理念与优化路径 [J]. 黑龙江教育（高教研究与评估），2021（2）：58-61.

[35] 胡万山. 师范类专业认证背景下教师教育改革的意义与路径 [J]. 黑龙江高教研究，2018，36（7）：25-28.

[36] 梁政勇，董贺新，武杰，等. 专业认证背景下的工程教育师资队伍建设初探 [J]. 广州化工，2018，46（8）：125-126.

[37] 王秋歌. 新建地方本科高校职前教师教育发展定位探究 [J]. 大学教育，2018（1）：176-178.

[38] 杜辉. 以人为本构建教师教育质量保障体系 [J]. 中外企业家，2017（5）：201-203.

[39] 杨敏. 转型背景下地方本科高校教师的绩效评价模型 [J]. 莆田学院学报，2016，23（4）：103-108.

[40] 彭南生，洪早清，邓阳，等. 我国高校教师教育类教师队伍建设现状、问题及对策：基于40所高校的调查分析 [J]. 教师教育论坛，2016，29（3）：5-11，28.

[41] 韩伏彬，董建梅. 地方本科高校转型之师资队伍建设探讨 [J]. 职教论坛，2016（2）：11-13.

[42] 刘义兵，常宝宁. 教师教育一体化师资队伍建设及其创新实践[J]. 教育研究，2015，36（8）：121-124.

[43] 周玲玲，王少华. 教师教育中多维度实践教学体系建构与实践：以语文教师教育为个案[J]. 中国教育学刊，2014（6）：85-88.

[44] 田玫，樊千，辛学文. 应用型本科高校教师教育实践教学体系的重建[J]. 黑龙江高教研究，2013，31（10）：98-100.

[45] 于桂霞. 论教师教育全程实践教学体系的构建[J]. 中国成人教育，2013（7）：114-116.

[46] 曾浩，钟文锐，沈娟. 试论教师教育创新实验区建设[J]. 高等教育研究，2012，33（10）：45-48，37.

[47] 赵欣如，方瑾，冉莉楠，等. 以创新人才培养为导向构建教师教育实践教学体系[J]. 中国大学教学，2011（2）：64-65.

[48] 张学立，李舒波，张有龙. 构建教师教育实践教学体系的探索与实践[J]. 云南财经大学学报（社会科学版），2010，25（2）：133-136.

[49] 张丽娟. 以人为本建构教师教育质量保障体系[J]. 教育理论与实践，2009，29（7）：37-39.

[50] 刘加铭，周国军. 教师教育质量保障体系的构建与对策[J]. 淮北职业技术学院学报，2008（6）：75-77.

[51] 顾书明. 地方教师教育院校质量建设及保障体系建构的研究[J]. 教育探索，2007（11）：45-47.

[52] 魏茂全. 教师教育质量保障体系的探索与研究[J]. 潍坊学院学报，2007（5）：131-132.

[53] 刘希美. 教师教育质量保障体系的理论与实践研究[J]. 潍坊学院学报，2006（3）：129，132.

[54] 朱旭东. 教师教育专业化与质量保障体系[J]. 中国高等教育，2001（18）：43-44.

[55] 陈君，姜茉然. 日本职前教师教育内部质量保障体系探析：以冈山大学为例[J]. 河北大学学报（哲学社会科学版），2019，44（6）：48-54.

[56] 郭福涛.基于课程联动和科研学术平台融合的高校本科教学改革实践[J].吉林广播电视大学学报,2019（5）:10-11.

[57] 苗雨,胡晓峰,胡丹,等.特色应用型本科高校校院两级管理体制改革研究[J].经济研究导刊,2014（24）:244-245.

[58] 王方林.创造型教师及其培养[J].当代教育科学,2013（21）:32-34,59.

[59] 李建英,许英变.论物理师范生低成本实验开发与运用技能的培养[J].忻州师范学院学报,2013,29（5）:107-109.

[60] 邵纯,刘筱韵.六年制免费师范生教育成本问题研究：以湖南第一师范学院为例[J].湖南第一师范学院学报,2013,13（4）:34-35,54.

[61] 孙玉芹,李康弟,吴蓓蓓.高校教师教育教学能力评价量化体系研究：以数学专业为例[J].黑龙江高教研究,2012,30（9）:108-112.

[62] 吕丽芳.中国近三年教师教育课程研究现状[J].学理论,2011（23）:225-226.

[63] 刘筠.国外教师教育课程设置的状况及启示[J].河南教育学院学报（哲学社会科学版）,2009,28（4）:12-15.

[64] 钟秉林.推进灵活多样培养 提高教师教育质量[J].中国高等教育,2010（19）:13-16.

[65] 穆岚.建立我国教师教育质量保证制度的思考[J].黑龙江教育：中学版,2008（4）:32-34.

[66] 张应强,蒋华林.关于地方本科高校转型发展若干问题的思考[J].现代大学教育,2014（6）:1-8.

[67] 谌晓芹,张放平.地方本科高校转型：本质、原则与途径[J].大学教育科学,2016（2）:33-37.

[68] 郑可春.国家教师资格考试改革背景下教师教育发展路径研究[J].国家教育行政学院学报,2017（8）:28-33.

[69] 王春晓.教师资格"国考"与人才培养模式互动关系的探讨[J].西部素质教育,2016（18）:15-16.

[70] 王薇.国际教师教育质量保障体系的构建及其启示[J].教师教育研究,2017,29（3）:114-120.

[71] 刘欣，周浩．关于江苏省中学教育专业认证的思考与探索[J]．文化创新比较研究，2018（11）：115-116．

[72] 路书红，黎芳媛．挑战与应对：专业认证时代我国教师教育专业发展研究[J]．当代教育科学，2017（5）：68-71．

[73] 张松祥．我国师范专业认证需要关注的若干问题及其对策研究[J]．教育发展研究，2017（15）：38-44．

[74] 路书红，黎芳媛．专业认证视角下的师范专业发展探析[J]．教育发展研究，2017（22）：65-69，84．

[75] 黄正平．当前我国教师教育的困惑与出路[J]．河北师范大学学报（教育科学版），2016（5）：74-79．

[76] 曾本友．教师教育协同创新的动力问题及其对策[J]．教育发展研究，2014（22）：33-36．